다른 교회

다른 교회

초판 1쇄 인쇄 _ 2024년 1월 15일
초판 1쇄 발행 _ 2024년 1월 20일

지은이 _ 김선의, 김요한, 이길승, 이정도, 정헌택

펴낸곳 _ 바이북스
펴낸이 _ 윤옥초
책임 편집 _ 김태윤
책임 디자인 _ 이민영

ISBN _ 979-11-5877-370-0 03230

등록 _ 2005. 7. 12 | 제 313-2005-000148호

서울시 영등포구 선유로49길 23 아이에스비즈타워2차 1005호
편집 02)333-0812 | 마케팅 02)333-9918 | 팩스 02)333-9960
이메일 bybooks85@gmail.com
블로그 https://blog.naver.com/bybooks85

책값은 뒤표지에 있습니다.
책으로 아름다운 세상을 만듭니다. — 바이북스

미래를 함께 꿈꿀 작가님의 참신한 아이디어나 원고를 기다립니다.
이메일로 접수한 원고는 검토 후 연락드리겠습니다.

* 바이북스 플러스는 기독교 신앙의 본질을 담아내려는 글을 선별하여 출판하는 브랜드입니다.

다른 교회

김선의 · 김요한 · 이길승 · 이정도 · 정헌택 지음

글을 시작하며

우리 교회를 넘어 한국 교회의 미래를 꿈꾸다

교회를 시작한 지 정확히 20년 즈음에 그동안 우리가 추구해 온 '다른 교회'에 대한 내용을 정리하는 차원에서 《다른 교회를 꿈꾸다》를 출간하게 되었습니다. 교회 이름이 '함께하는교회'인 만큼 그와 같은 원리나 철학을 반영하기 위해 되도록 많은 교회 가족들이 직접적으로 참여하는 형태로 집필을 하게 되었습니다.

어느덧 코로나 팬데믹을 지나며 몇 년간 또 다른 생각을 갖게 되었습니다. 예전에 출간한 평신도 중심의 집필형태와는 사뭇 다른 목회자 또는 사역자 중심의 내용으로 교회의 방향성과 목회철학을 조금 더 구체적으로 설명하는 책을 만들고 싶었습니다. 그런 의미에서 이번에는 단순히 하나의 개교회, 즉 '우리 교회'를 넘어 한국 교회의 미래에 대해 고민한 흔적의 책을 만들고 싶은 욕심이 있었습니다.

오래전에 필립 얀시의 《교회, 나의 고민 나의 사랑》이라는 책을 읽은 적이 있었고, 약 한 달간 교회에서 같은 주제로 설교를 한 기억이 있습니다. 책의 제목이 알려주듯이, 교회는 우리에게 사랑의 대상이기도 하면서 동시에 고민의 대상이기도 한 것 같습니다.

그렇지만 제 기억이 정확하다면, 필립 얀시의 책은 교회에 대한 고민을 넘어 궁극적으로는 교회에 대한 사랑이 이긴다는 내용 같았습니다. 그런 의미에서 온갖 좌충우돌과 우여곡절이 있을 수 있어도 하나님의 교회인만큼 하나님께서 교회를 이끌어 간다는 내용이라고 할까요? 크고 작은 고민거리가 교회 안에 없을 수 없지만 교회가 가진 생명력을 갖고 사랑의 공동체로 날마다 거듭나야 된다는 이야기입니다.

글을 쓴 집필자들의 개인적인 의견차이는 있겠으나 때로는 읽는 이에게 감동보다는 더 큰 고민거리를 안겨줄 수도 있습니다.

하지만 우리는 같이 고민하고 싶었습니다. 하나의 개교회를 넘어 한국 교회, 미래 교회, 우리 모두의 교회, 그리고 궁극적으로는 하나님의 교회에 대한 고민이니까요. 그런 의미에서 이 책을 만나게 되는 신학생, 목회자, 평신도, 심지어는 가나안 성도 한 사람 한 사람이 그 고민 속으로 들어와 그 고민에 대한 토론에 함께 동참해주었으면 하는 기대감이 있습니다.

이 책이 나오게 된 이유는 우리가 잘해온 것을 나열하기 위함이 결코 아닙니다. 우리 교회를 한국 교회의 모델로 내세우기 위한 것은 더더욱 아닙니다 어쩌면 그 반대에 더 가까운지도 모르겠습니다. 그런 의미에서 최대한 솔직하고 성찰하는 마음으로 글들을 준비했습니다. 우리의 성공담보다는 실패담을 담아내려고 노력한 이유도 여기에 있습니다. 그만큼 반성할 내용도 찾아보았고, 앞으로의 꿈도 담아보았습니다.

분명한 것은 완전한 교회가 아니라는 고백의 내용이 반복해서 등장한다는 사실입니다. 그도 그럴 것이 이 땅에서의 교회는 완전할 수 없기 때문입니다. 오직 복음만이 완전하며, 복음의 주인 그리고 교회의 주인 되시는 삼위일체 하나님만이 완전하심을 우리는 고백합니다.

최근에 만난 책에서 작가는 말하길 "교수가 하는 일은 가르치는 일이 아니라 배우는 일"이라고 했습니다(신형철,《슬픔을 공부하는 슬픔》, 2018). 그러고 보니 목사가 하는 일도 크게 다르지 않은 것 같다는 생각이 듭니다. 목회자가 하는 일이 때로는 강단 위에서 성도들에게 말씀을 가르치는 것 같아도 그것보다는 목회 현장에서 삶을 나누며 배우는 일들이 훨씬 더 많다는 것을 깨닫게 됩니다.

우리가 이 책 속에서 나누는 내용들 역시 그런 내용에 더 가깝다고 하겠습니다. 무엇을 가르치려는 태도보다는 그동안 배워온 것들을 한국 교회와 공유하고 싶은 마음이 크지 않나 싶습니다.

바라기는 이 책에 담긴 내용들이 여러 가지 상황 속에서, 그리고 교회 안과 밖에서 또 다른 대화를 열어갔으면 합니다. 목회자와 평신도, 목회자와 목회자, 목회자와 신학생, 신학생과 신학생, 그리고 평신도와 평신도 간에 한국 교회의 시대적 사명과 역할에 대한 생산적인 논의가 활발하게 전개되길 기대합니다. 그 대화들이 소모적인 대화에서 그치지 않고 한국 교회에 건강한 발전을 가져오는 창의적 대화의 길을 열어주는 작은 섬김의 통로가 되었으면 하는 것이 우리의 바람이기 때문입니다.

김요한

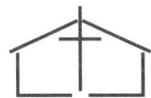

글을 시작하며
우리 교회를 넘어 한국 교회의 미래를 꿈꾸다　　　　　　　　4

1부 함께공동체의 가치관 _ 김요한

교회가 불편한 이들을 위한 교회　　　　　　　　15
멀리 있는 자들과 함께 부르는 노래　　　　　　　18
변곡점에서, 지나온 길을 돌아보기　　　　　　　22
함께하는 교회, 함께하는 마음　　　　　　　　　27
두 가지 표현, 하나의 사명　　　　　　　　　　　33
개인 중심의 신학을 넘어 관계의 신학으로　　　　36

2부 나아가는예배 _ 김선의

나아가는예배에 대해 말하다	43
옷차림이 다릅니다	47
대중가요를 부르기도 합니다	50
짧은 연극을 공연하기도 합니다	54
영화 설교가 있습니다	61
헌금을 나누어드린 적이 있습니다	64
하나님을 기쁘시게 하는 예배	71
만년동 시절의 책임 의식과 주인 의식을 회복하자	76

3부 나아가는교회 _ 이길승 이정도

멀티사이트 교회에서 네트워크 교회로	81
'가까운교회' 이야기	87
선교적으로 나아가는 네트워크 교회를 향하여	100
함께공동체의 한 교회, 보리떡교회에 대한 이야기	115

4부 비전랜드 _ 정현택

교육부서는 선교부서입니다	129
비전랜드는 개인의 잠재력이 극대화되기를 꿈꿉니다	134
비전랜드는 탁아소가 되기를 원하지 않습니다	138
비효율적 기다림	141
재미, 복음, 공동체	146
아이들을 위해 함께하는교회	154

5부 위기대응과 리더십 _ 김요한

위기대응 사례 : 용인 함께하는교회	161
수평적 리더십의 모델	167
수평적 리더십을 위한 필수 요소	172
다음 리더십을 위한 준비	179

부록

함께공동체의 설교들	186
함께공동체의 도전들	202
연표	215
남기고 싶은 이야기	220

1부

함께공동체의 가치관

김요한

그 속에서 저는 교회의 모습을 보았고
더 나아가 교회의 이름까지 생각하게 된 것 같습니다.
왜냐하면 교회란 결국 요약하면, 하나님과 함께하는 것이자
우리의 이웃과 함께하는 것이기 때문입니다.

교회가 불편한
이들을 위한 교회

초대교회의 시작은 예수나 복음을 모르는 사람들이 대상이었습니다. 그래서 우리 교회의 시작도 교회 문화에 친숙한 이들보다는 그렇지 않은 이들에게 문턱이 낮은 교회가 되고자 했습니다. 교회에 친숙한 이들을 위한 교회는 교단을 넘어 어디에서나 쉽게 찾아볼 수 있었기 때문입니다. 하지만 흉내 낼 만한 모델이 딱히 없었기에, 그 출발은 미약했으며 적지 않은 도전과 실험이 필요했습니다. 그 속에서의 크고 작은 드라마 역시 만만치 않았던 것도 사실입니다.

그런데 누가 그랬습니다. 교회에 변화를 주려면 이미 존재하는 교회의 체질을 개선하는 쪽보다는 새로 개척하는 편이 빠르다고 말입니다. 그래서 저는 멋도 모르고 개척을 했습니다. 저의 나이 만으로 30이었습니다. 예수님이 그때쯤 사역을 시작하셨기에 저도 그때쯤 하면 좋겠다고 막연하게 생각했습니다. 예수님은 3년을 사역하셨기에 저도 미래 일은 알 수 없지만, 무조건 3년은 '열심히 하자'라는 마음으로 시작했습니다.

이제 25년이 지난 시점에 와 있습니다. 물론 교회 문화에 친숙하지 않은 이들이 물밀 듯 찾아오지는 않았습니다. 하지만 그런 이들이 오지 않은 것 또한 아닙니다. 실은 타 교회에 출석 중인 분들 중에서 기존 교회에 적응하지 못하는 지인을 안타까워하며 자신이 몸담고 있는 교회보다는 우리 교회로 안내해주는 사람들도 제법 있었습니다. 믿고 맡길 수 있다는 의미였을까요? 그런가 하면 오랫동안 혼자만 출석하던 가정에서 어느 날부터 남편까지 오게 되는 경우도 점차 많아졌습니다. 심지어 어떤 남자분은, "난 이 교회가 아니라면 지금도 교회를 안 다니고 있을 것"이라고 하셨습니다.

이래저래 교회출석 인원 면에서는 본래의 취지에 실패했다고 보기도 어렵고 동시에 성공했다고 보기도 어려울 수 있습니다. 어쩌면 실패나 성공을 논하기 어려운 대목 같기도 합니다. 숫자가 주는 의미도 있겠지만 동시에 숫자가 전부는 아니라는 것도 우리는 잘 알고 있기 때문입니다.

  시간이 흐르면서 교회 문화에 친숙하지 않은 사람들보다는 오히려 친숙한 사람들이 더 오게 되면서 숫자적으로는 더 많은 비중을 차지할 수밖에 없었습니다. 그 와중에 본래의 취지로부터 멀어지는 부분들도 불가피했을 것입니다. 목소리가 많거나 클수록 무시하기 어려운 면도 있기 때문이겠죠. 소위 말하는 '가나안 성도들'의 숫자도 증가되어 갔습니다. 그럼에도 불구하고 교회의 가치관과 방향성을 지키려고 노력해온 것은 사실입니다.

멀리 있는 자들과 함께
부르는 노래

하나의 예를 들면, 우리 교회의 초대 찬양 인도자 중에는 가수 조하문 님이 있었습니다. 〈이 밤을 다시 한번〉이란 노래가 그분의 히트곡 중 하나였습니다. 1999년도에 조하문 님과 그의 배우자 최수원 선생님을 저희 내외가 여러 차례 만나게 되었습니다. 그러던 와중에 우리 교회의 설립 취지를 설명했고, 저의 초대해 응해주면서 우리 교회에 찬양 인도자로 오게 되었습니다.

점심시간에 그분과 식당을 가면 전도가 자연스레 이루어지는 것 같아 좋았던 기억도 납니다. 하지만 늘 기분이 좋지만은 않았던 것도 사실입니다. 저에게 사인을 해달라는 사람은 없었지만 조하문 님에게 사인해달라는 사람이 워낙 많아 은근히 질투 났던 아픔이 있기 때문입니다. 저는 몰라봐도 가수 조하문은 거의 다 알아보니까요. 교회에서 찬양을 할 때도 유행가로 시작하고 복음 성가로 마칠 때도 많았습니다. 제가 장례식에서 장례를 집례하면, 조하문 님이 같이 가서 기타를 메고 노래로 위로해준 적도 있습니다.

물론 그 만남이 지속되지 못했습니다. 저는 조하문 님에게 '세상에 친숙한' 노래를 부탁했는데 그에게 익숙했던 과거의 노래들은 오히려 부담이었던 것입니다. 왜냐하면 제가 요청한 과거의 노래들은 그분에게 좋지 않은 기억과 추억을 불러일으켰기 때문입니다. 사실 저는 두 가지를 병행하는 그림을 그렸지만 조하문 님은 '교회에 친숙한' 노래만 하길 희망했습니다. '세상 노래'와 '교회 노래'의 간극을 연결시키는 것은 신앙의 타협이라고 생각했던 것 같습니다.

우리 교회에 오기 전에 이재철 목사님과 상담받은 이야기를 하면서, 이재철 목사님은 당신이 신학교 진학 의사를 밝히자 극구 반대했다고 합니다. 제가 보았던 장점들을 극대화시킬 수 있는 시나리오를 이재철 목사님도 상상하셨기 때문이 아니었을까 싶습니다. 그 후 조하문 님은 신학교에 가게 되었고, 끝내 목사가 되었습니다. 우리 교회에 가수 조하문 님이 계속 남아서 찬양 인도자로 섬겨주지는 못했지만, 우리 교회의 시작을 단편적으로 보여주는 일화가 되었고 일종의 초석 같은 역할을 해주었는지도 모르겠습니다.

그 뒤로 우리 교회가 만나게 된 찬양 인도자나 뮤지션은 대다수가 자신이 소속한 밴드가 있는 보컬들이었습니다. 이길승(이길승 밴드), 이진주(이진주 밴드), 김태훈(개인플레이), 장현호(길가는 밴드), 박용권(아쿠스틱 머신), 김동석(형제 공업사), 김도엽, 송나츠 등. 이게 무슨 느낌이냐면 마치 U2의 리드 싱어 보노Bono가 청소년 층을 위한 찬양 인도자로 음악을 시작했던 것과 흡사하다고 할까요? 교회에 무관심한 십대들에게 보노의 노래나 밴드만큼 친숙하게 다가갈 수 있는 다른 좋은 방법이 과연 있었을까요?

세계적인 록 그룹 U2와 비교할 수야 없는 일이지만 어쨌든 그런 형태로 우리 교회는 시작이 되었습니다. 거듭 말하지만 교회에 무관심하거나 친숙하지 않은 이들에게 어떻게 해서라도— 여러 사람에게 여러 모양으로— 하나님을 전하고 복음을 전하고 싶었던 마음에서 비롯되었던 것입니다. 사도 바울의 고백처럼 "여러 사람에게 여러 모양이 된 것은 아무쪼록 몇몇 사람들을 구원코자 함"이었다는(〈고린도전서〉 9:22) 원리가 그동안 우리가 적용해 왔던 중심 가치 중에 하나라고 할 수 있겠습니다.

하나님께서는 우리에게 언어를 주셨고 그 언어는 한 가지로 제한되어 있지 않다는 사실입니다. 음악도 언어가 될 수 있고 스포츠도 언어가 될 수 있고 영화도 언어가 될 수 있는 것입니다. 교회는 시대나 문화적 상황에 맞게 복음을 전해야 하며, 그 방법과 전략은 얼마든지 다양하고 다를 수 있는 것입니다. 아니, 다양하고 달라야만 합니다. 그래야만 '여러 사람'에게 복음을 전할 수 있으니까요.

변곡점에서,
지나온 길을 돌아보기

우리 교회는 그사이 규모가 조금씩 커졌습니다. 스태프들도 한두 명에서 30명 가까이 되었습니다. 교인들의 숫자도 출석 인원은 2천여 명, 온라인 커뮤니티까지 합치면 3천 명이 넘는 숫자가 되었습니다. 그리고 교회의 숫자도 한 곳에서 시작해, 현재는 연합교회multi-site 형태로 다양한 곳에서 다양한 형태로 모입니다.

그러다 보니 목소리도 다양해졌고 기존의 '초신자' 혹은 '구도자'보다는 수평이동으로 오는 교인들 그리고 가나안 성도의 숫자가 제법 많아지게 되면서 혼란스러움도 없지 않았습니다. 가나안이란 말은 '안 나가'를 뒤집어서 만든 일종의 신조어로, 교회에 나가지 않는 그리스도인을 뜻한다고 설명해주고 있습니다 (양희송, 《가나안 성도 교회 밖 신앙》, 2014).

교회의 시작이 '초신자'에 우선순위를 두었다면, 수평 이동으로 교회를 온 구성원들의 필요도 무시할 수 없었기에 무게 중심이 조금씩 흩어지는 현상을 어느 정도 감지할 수 있었던 것 같습니다. 아무래도 교회 문화에 익숙한 사람들이 점진적으로 많아지면서 발생하는 현상이라고 하겠습니다.

그렇기 때문에 기존의 우선순위를 지속적으로 유지하려고 노력했지만 늘 어느 정도의 긴장감이 존재했던 것 같습니다. 그렇다고 무게 중심을 어느 한쪽에 더 두었다고 하기도 어렵습니다.

이 시점에서 이런 글을 쓰는 이유는 무엇보다 우리의 방향을 한 번쯤 되돌아보기 위함 때문입니다. 교회적으로 일종의 과도기라고 할 수도 있겠고 변곡점이라는 표현이 적절할 수도 있겠습니다. 중요한 것은 지금까지 지나온 길을 되돌아보는 일이고, 어떤 것이 필요한 일인지 성찰하고 방향을 재점검하는 것 같습니다.

긴 여정 가운데 다른 어떤 것보다도 선교 지향적인 교회가 되고 싶었던 것이 사실입니다. 그래서 청년부를 시작할 때도 모임의 명칭을 '벤치'라고 지었습니다.

벤치의 특징은 어떤 것인가요? 일단 누구나 맞이해줍니다. 부담이 없습니다. 누구나 앉아도 됩니다. 거리에도 있고, 공원에도 있고, 높이도 낮아 어린아이 어른 할 것 없이 누구나 예외 없이 앉을 수 있습니다. 그게 벤치의 특징입니다. 그런데 벤치는 딱딱합니다. 그래서 오래 앉아 있지는 못합니다. 잠시 쉬었다가 일어나야 합니다. 등받이도 없거든요. 그게 벤치입니다. 하지만 누구에게나 쉼을 제공해주는 특징이 있습니다.

저는 우리 청년들의 모임이 그런 곳이 되기를 바랐습니다. 지친 영혼이 와서 복음으로 인해 쉼을 얻을 수 있는 곳. 하지만 쉼을 얻으면 다시 복음으로 인해 밖을 향할 수 있는 그런 곳 말입니다. 왜냐하면 청년들이 계속 앉아 있을 수만은 없는 일이니까요. 쉬었으면 움직여야 하기 때문입니다.

저는 청년들에게도 그런 기대감이 있었지만, 청년들에게 국한된 일도 아니었습니다. 왜냐하면 우리 교회가, 그리고 한국 교회가 그러한 벤치 같은 교회가 되었으면 하는 희망과 기대가 있었습니다.

그런 의미에서 이 책은 저 혼자 쓸 수 있는 성격의 글이 아니라는 것도 잘 알고 있습니다. 그래서 여러 사람의 목소리, 기억,

그게 벤치입니다.
하지만 누구에게나 쉼을 제공해주는 특징이 있습니다.
저는 우리 청년들의 모임이 그런 곳이 되기를 바랐습니다.
지친 영혼이 와서 복음으로 인해 쉼을 얻을 수 있는 곳.
하지만 쉼을 얻으면 다시 복음으로 인해
밖을 향할 수 있는 그런 곳 말입니다.

경험과 스토리가 섞여 있습니다. 그래야만 조금 더 정직하고 정확한 글이 될 수 있을 것 같고, 단순히 우리 교회를 넘어 한국 교회에 조금이나마 도움이 될 수 있을 것 같기 때문입니다.

물론 우리 교회가 어떤 '답'을 갖고 있다고 생각해본 적은 없습니다. 하지만 개척 전부터 자연스레 고민을 하게 된 부분은 '어떤 교회'가 될 것인가에 대한 고민이었고, 그 고민은 결국 대상에 대한 고민으로 이어지게 되었습니다. 내가 마음으로 정하는 대상이 있다고 해서 절대적으로 그렇게 반영이 되는 것은 아니겠지만 지향점을 제공해주기 때문입니다.

예를 들어 저는 초등학교 시절에 가까운 친구 두 명을 교회에 초대했다가 두 친구 모두 두 번 다시 가지 않겠다고 했습니다. 교회에 가서 다른 친구들을 만날 수 있는 것은 좋아했지만, 문화의 벽이나 언어의 벽이 너무나 컸던 것 같습니다. 문화적 이질감 때문에 결국 교회에 적응을 못할 것이라는 생각을 한 것 같습니다.

수십 년이 지나 그래도 그중에 한 친구는 신앙을 갖게 되었고, 교회 생활도 열심히 하고 있습니다. 한 친구는 여전히 '아니올시다'입니다. 제가 교회를 개척하면서 가졌던 원대한 꿈이 있었다면, 여전히 교회를 거부하는 종호 같은 친구도 호기심을 가질 수 있는 교회, 그러니까 종호가 저의 대상이었습니다.

함께하는 교회,
함께하는 마음

 또 하나 그 시점에서 고민이 필요했던 것은 교회의 이름이었습니다. 왜냐하면 이름이라는 것은 지향점처럼 방향성을 제공해 주기 때문이죠. 아버지는 '중앙교회'처럼 평범한 이름을 지으면 좋겠다고 했지만 저는 이름을 고민하고 있었습니다.

 그러던 어느 추운 겨울날 주민센터에서 필요한 서류 몇 장을 떼고 시동을 걸고 출발하려 하던 차에 도로 건너편에 있는 노인정에서 긴 외투를 입고 팔짱을 낀 채로 느린 걸음으로 걸어 나오시는 두 분 할아버지를 보았습니다. 팔짱을 끼신 모습이 인상적이어서 차 안에서 두 분의 모습을 멍 때리듯 바라보았습니다. 좀 더 자세히 보니, 한 어르신께서는 짙은 안경을 쓰셨고 지팡이를 들고 계셨습니다. 앞을 볼 수 없는 시각 장애인 친구를 댁으로 바래다드리는 모습을 제가 우연히 관찰하게 된 것이었습니다.

그 속에서 저는 교회의 모습을 보았고 더 나아가 교회의 이름까지 생각하게 된 것 같습니다. 왜냐하면 교회란 결국 요약하면, 하나님과 함께하는 것이자 우리의 이웃과 함께하는 것이기 때문입니다. 요약하면 예수님이 말씀하신 '대강령' 혹은 하나님 사랑과 이웃 사랑을 나타내는 이름이었습니다. 물론 그 당시에는 살짝 '촌스러운' 이름 같기는 했지만, 그렇게 교회는 시작이 되었습니다.

여기에서 교회의 정신 혹은 철학을 조금은 생각해볼 수 있습니다. 기독교, 그리고 교회는 흔히 사랑의 종교라고 합니다. 종교라기보다는 사실 '관계'라고 보는 것이 더 정확하긴 하지만 핵심은 관계이자 공동체입니다. 그리고 그 관계나 공동체의 중심에는 사랑이 전제된다고 할 수 있습니다. 물론 그 모습은 삼위일체 하나님 안에서 발견할 수 있습니다. 그 관계는 상호 의존적이며 상호 섬김과 사랑이 전제됩니다.

교회는 성격과 가치관이 서로 다른 사람들의 집합이다 보니 이상적이거나 완전한 공동체를 이루기는 어렵습니다. 완전한 관계를 기대하는 경우는 많지만, 머지않아 극심한 실망감에 사로잡히게 되는 경우도 적지 않습니다. 목사에게 실망하고, 장로에게 실망하고 서로에게 실망하고 그렇습니다. 하지만 그럼에도 불구하고 교회의 방향성은 언제나 삼위일체 하나님이십니다. 그래서 교회는 '하나됨'을 강조하기도 하고, 〈요한복음〉 17장에서 만나는 예수님의 기도 역시 동일한 내용입니다.

사람이 사람을 온전히 받아주는 일, 혹은 온전히 사랑하는 일은 쉽지 않은 일이라는 것을 우리는 잘 알고 있습니다. 그러다 보니 부부싸움도 있고, 형제들 사이에도 시기와 질투가 있고, 교회에도 분쟁이 생기고, 조금 더 확대하면 기근이나 전쟁도 결국은 자기 욕심을 채우기 위한 경쟁에서 비롯되기도 합니다. 이러한 불완전한 인간 사회 속에서 교회는 교회됨을 지키기 위해 하나님의 성품을 닮아 가기 위해서 날마다 기도하며 투쟁하는 불완전한 인간 공동체의 집합이라고 하겠습니다.

하지만 복음의 핵심이나 복음의 요구는 뚜렷합니다. 그것은 하나님의 성품을 따라 거룩한 백성이 되는 일이며, 그 속에는 서로를 받아주는 이타적인 모습이 전제되는 일입니다. 십자가의 정신은 포용적이며 이타적이기 때문입니다. 그래서 〈로마서〉 15장은 그러한 하나님의 모습을 나타내주기도 합니다. 그것은 바로 하나님이 사람의 모습이 되어 우리 인간을 받아주신 내용이라고 할까요? 당신의 기쁨이나 만족보다는 인간에 대한 관심과 사랑이 우선이었다고 할 수 있겠습니다.

하지만 복음은 거기서 끝나는 것이 아니라 그 사랑을 받은 대상이 말하자면 바통을 받아서 뛰는 것입니다. 그래서 〈갈라디아서〉 3장에서, 그리스도와의 연합은 차별이 없는 관계를 의미한다고 설명합니다. 우리의 모든 차이(이념의 차이, 경제적 차이, 문화적 차이 등)는 무의미해질 수밖에 없습니다. 그래서 그리스도 '안에서'는 유대인이나 그리스인이나 종이나 자유인이나 남자나 여자나 차별이 없고, 그리스도 예수 안에서 우리는 모두 하나이자 그리스도에게 속한 사람들입니다.

관계에 대한 예를 한 가지만 더 들자면, 그것은 다시 하나님의 성품에 대한 이야기가 될 것 같습니다. 교회가 해야 되는 일은 참으로 많습니다. 하지만 그렇다고 모든 일을 닥치는 대로 다 할 수도 없는 일입니다. 일보다 중요한 것은 관계입니다. 그렇기 때문에 일이 우선이 되는 것보다는 관계가 우선이 되어야 합니다. 그 속에서 일다운 일도 연합해서 이루어갈 수 있기 때문입니다. 그래서 저는 성품에 대한 관심이 핵심이라고 생각합니다.

앞서 삼위일체 하나님에 대해서 짧게 언급을 했지만, 조금 더 구체적인 하나님의 성품은 흔히 우리가 '성령의 열매'라 하는 부분에서 찾아볼 수 있습니다. 대표적으로 그 말씀은 〈갈라디아서〉 5장에서 찾아볼 수 있고, 그 열매가 바로 교회 공동체의 핵심적 요소가 됩니다.

일이나 사역의 결과물도 중요하지만 궁극적으로 그 과정을 무시할 수 없습니다. 그래서 개인의 성숙도나 공동체의 성숙도를 측정할 수 있는 방법은 교인의 숫자, 교회의 크기, 헌금의 액수, 사역의 범위, 선교의 확장 등과 같은 것들보다는 성령의 열매에 있습니다. 이것이 무너지기 시작하면 모든 것이 무너지기 때문에 본질은 하나님의 성품에 기초한 관계입니다.

일상생활 속에서 성경 지식만이 전부가 아님을 우리는 너무나 잘 압니다. 그 지식에 진지함과 진정성을 더해주는 핵심적 요소가 바로 관계적 요소이기 때문입니다. 가령, 역 광장에서 자신감 있게 "예수 천당과 불신 지옥"을 외치는 열심과 열정은 박수받아 마땅한 반면 그 자신감이 신뢰감을 보장해주지는 않습니다.

오히려 그러한 행위에 대한 거부감이나 피로감을 느낄 수밖에 없는 이유는 아무런 인격적 관계 형성이 존재하지 않기 때문 아닐까요? 이처럼 우리는 사회적 존재인 만큼 관계를 외면한 선교적 접근은 소통에 혼란과 한계를 가져올 수밖에 없는 것이 현실인 것 같습니다.

두 가지 표현, 하나의 사명

교회는 대부분 비슷한 사명 선언문 또는 가치관을 갖고 있는 것 같습니다. 표현의 차이는 있지만 궁극의 목표는 비슷합니다. 함께하는교회의 사명 선언문은 '하나님으로부터 멀리 있는 사람이 헌신된 예수 그리스도의 제자가 되는 것'입니다.

물론 하나님으로부터 멀리 있는 사람이라는 문구의 구체적 정의나 헌신된 그리스도의 제자라는 문구에 해당되는 구체적 정의 역시 천차만별일 수 있습니다. 하지만 하나님에 대해 무지하거나 무관심한 사람이 어떻게 하면 하나님에게 관심을 갖고 더 나아가 관심을 넘어 헌신할 수 있는 단계까지 이를 수 있을까 하는 것이 우리 교회가 갖게 된 방향성입니다.

문제는 어떤 사람은 제자양육에 더 관심을 갖는 경우도 있는가 하면, 어떤 사람은 선교적 지향점에 더 관심을 갖기도 합니다. 그러다 보면 양육과 선교의 우선순위에 대한 질문에 당면하게 되는 경우가 많습니다. 하지만 예수님의 말씀을 보면 "가서 제자 삼으라"고 합니다. '가는' 것이 선교에 해당된다면, 제자를 삼는 것은 양육에 해당된다고 하겠습니다. 가라는 말만 하지 않으셨고 제자 삼으라는 말만 하지도 않았습니다.

앞에서 '문제'라는 단어를 선택한 이유는 두 가지 다 중요하기 때문입니다. 교회라는 공동체는 선교 지향적이면서 동시에 제자를 세워가야 하는 정체성을 갖고 있기 때문입니다. 그래서 어느 것 하나가 더 중요하거나 덜 중요하다고 말하는 것은 교회에 혼란을 야기할 수 있습니다.

하나의 선언문 속에 나타나는 서로 다른 가치관처럼 보일 수 있지만, 사실상 이 선언문 속에는 하나의 목표, 그리고 하나의 흐름이 있음을 전제로 합니다. 하나님 사랑과 이웃 사랑도 동일합니다. 하나님을 사랑하는 것이 더 중요한가요, 아니면 이웃을 사랑하는 일이 더 중요한가요? 예수님은 두 가지 모두 놓쳐서는 안 될 일이라고 하셨습니다. 왜냐하면 그 두 가지는 마치 동전의 양면과도 같기 때문에 그렇습니다. 둘 다 동일하게 중요한 일입니다.

하나의 선언문 속에 나타나는 서로 다른 가치관처럼 보일 수 있지만,
사실상 이 선언문 속에는 하나의 목표,
그리고 하나의 흐름이 있음을 전제로 합니다.
하나님 사랑과 이웃 사랑도 동일합니다.
하나님을 사랑하는 것이 더 중요한가요,
아니면 이웃을 사랑하는 일이 더 중요한가요?
예수님은 두 가지 모두 놓쳐서는 안 될 일이라고 하셨습니다.

개인 중심의 신학을 넘어
관계의 신학으로

교회의 우선순위는 많은 일을 성공적으로 이루어내는 것이 아니라고 생각합니다. 일도 중요하지만, 그 일을 이루어 가기까지 하나님은 언제나 사람을 동원하십니다. 사람을 통해서 일하시기 때문입니다. 하지만 일하는 방식은 제각각 아니겠습니까? 성품 다르고, 기질 다르고, 생각 다르듯, 그 외에도 다른 것이 한두 가지가 아닙니다.

"삶은 관계의 집합이다"라고 말한 저자도 있습니다(최주희,《관계》, 2001). 그렇기 때문에 관계는 교회와 사역의 집합이라고 할 수도 있습니다. 삶 그 자체가 결국 관계의 집합이라고 할 수도 있을 것 같습니다. 그만큼 우리는 관계 속에서 하루하루 살아가는 사회적 존재이기 때문입니다. 중요한 것은 서로 다른 다양성, 그리고 그 다양성 속에서의 포용성 아닐까요?

그런 의미에서 브루스 라슨은 교회가 정체 상태에서 벗어나기 위해서는 사람들의 관계에 주목하는 '관계 신학'의 중요성을 깨달아야 한다고 주장합니다. 그 이유는 모든 사람이 의식적이든 무의식적이든 관계 속에서 인생의 의미와 목적 등을 발견하고 수립하기 때문이라고 합니다(브루스 라슨,《잃은 양, 떠난 양, 버린 양을 찾아서》, 1999). 교회가 정체되어 있다면 우리에게는 어떤 '관계 신학'이 있는지 돌아봐야 할 때입니다.

함께공동체의 지향점 하나 : 매일의 교회

전통적인 교회는 주일에만 모이는 교회라는 인식이 컸습니다. 물론 주중에 새벽기도도 있고 수요예배도 있고 금요철야도 있지만 '주일 성수'라는 개념 속에서 다른 건 못 지켜도 주일은 지켜야 하는 생각이 지배적이었고, 그 생각은 결국 주일만은 지키자라는 개념으로 확장하면서 부정적인 의미로는 '선데이 크리스천'이라는 개념으로까지 이어지는 영향도 있지 않았나 싶습니다.

하지만 그러한 고정관념은 성경의 개념과는 거리가 먼 이야기일 수밖에 없습니다. 결국 일요일만 하나님이 다스리시고 나머지 6일은 내 멋대로 살아도 된다는 이교도적 사상과 신앙을 키울 수밖에 없기 때문입니다.

더 나아가 그러한 생각은 예배가 건물이나 지역의 개념을 뛰어넘는다는 사실을 배제한다고 볼 수 있습니다. 그렇지만 예수님께서 말씀하신 것처럼 예배는 신령과 진정으로 드리는 것이 예배이지 닫힌 공간 속에서 종교적 의식만을 형식적으로 추구하는 것이 예배라고 할 수 없는 일입니다.

예배는 삶으로 이어지는 것이기 때문입니다. 그런 의미에서, 비대면 예배도 진정한 의미의 예배가 될 수도 있는 것입니다. 그래서 교회는 '주일만의 교회'가 아니라 '매일의 교회'라는 의식의 전환이 불가피합니다(옥성득, 《쇠태하는 한국교회와 한 역사가의 일기》, 2021).

함께공동체의 지향점 둘 : 흩어지는 교회

글은 써야 제맛이라는 말이 있듯이, 교회는 흩어져야 제맛이 아닌가 생각해봅니다. 초대교회와 초대교회를 구성한 사도들 역시 그렇게 출발을 했기 때문에 그런 이유도 있지만 복음의 성격 자체가 그런 것 같습니다. 한곳에 머물러 있을 수 없는 것이 복음의 본질이기 때문입니다.

초대교회 역시 한곳에 머물러 있기보다는 성장과 더불어 지역을 넘고 문화나 언어를 뛰어넘는 수고가 있었기 때문에 오늘의 교회가 존재할 수 있는 것처럼 오늘도 그와 같은 정신을 갖는 것이 중요합니다. 흩어지는 교회를 다른 말로 '선교적인 교회missional church'라는 표현을 사용하기도 하는데, 결국 한 장소에 머물러 있지 않고 지속적으로 움직이는 형태의 교회를 의미합니다.

흩어지는 교회가 되기 위해서는 전략도 중요하고 그 전략을 치밀하게 추진할 수 있는 사람도 중요하고 준비된 리더도 중요합니다. 어쩌면 이 세 가지 모두가 있어야만 흩어지는 교회가 가능할 수 있습니다. 흩어지는 교회의 핵심이나 본질은 단순히 교세의 성장에 있는 것이 아니라 복음의 확장에 있다고 봐야 하는 이유는 교회 성장에 앞서 복음이 곳곳에 심기고 뿌리내리는 것에 관심이 있기 때문입니다.

2부
나아가는 예배

김선의

성령님이 충만한 또 일하시는 교회는
그저 예배가 특정한 방식으로 뜨거워지는 것만으로
제한되어서는 안 될 것입니다. 성령님의 일하심은
언제나 교회 안팎의 모두를 향한 하나님의 사랑이 전해지고
공감되는 것을 위해 이루어져 왔으니까요.

'나아가는예배'에 대해 말하다

아마도 이 책을 읽을 독자들은 대부분은 개신교 교회를 어느 정도는 경험했을 것이고 교회 문화권 안에서 쓰이는 표현이나 노래 혹은 지위 등이 익숙한 분들일 것입니다. 그런데 이런 개신교 문화에 익숙하지 않은 누군가가 교회 예배 모임을 처음 참석했다고 상상해보세요. 당신이 익숙하게 듣고 쓰고 있는 표현들과 상식들은 그들에게는 쉽게 이해할 수 없는 것들일 수 있습니다. 교회 공간에 처음 발을 들이면 받게 되는 주보 그리고 그 주보 안의 내용들 찬송가 속 가사들, 목사님의 설교 안에 내용들 그리고 성경의 문체 그 어느 것 하나도 오늘 예배를 처음 접한 이에게 익숙한 것은 없습니다.

이미 이런 방식으로 너무 오랜 시간 동안 당연히 여겨져서 우리는 늘 이런 방식의 교회와 예배가 이루어지는 것이라고 안일하게 생각하게 된 듯합니다. 교회 문화 예배 문화에 낯선 사람이 익숙해져야 할 수밖에 없다고요. 익숙해지면 괜찮다고요. 그런데 이것은 너무 오래 교회를 다닌 교회 문화에 익숙한 사람들의 일방적 생각이 아닐까요?

예배는 경건해야 하니 세상 문화와는 다른 경건의 표현과 모습이 있을 수밖에 없다고요? 교회의 시작이라고 할 수 있는 초대교회가 그랬을까요? 교회의 시작이라고 할 수 있는 성령강림 사건에서 오순절을 맞아 모여 있던 서로 다른 배경의 유대인들은 각자 자신들의 언어로 들리고 소통되는 놀라운 경험을 했습니다. 베드로는 자신이 어울려서는 안 되는 이방인인 고넬료의 집을 방문하고 그와 교제하게 됩니다. 빌립은 에디오피아 내시에게 복음을 전하게 되지요. 이방인들이 함께 어우러지는 안디옥교회를 시작으로 바울의 1, 2, 3차 전도여행을 통해 수많은 이방인 교회가 만들어집니다. 예루살렘 공회는 자신들이 가장 중요하게 생각하는 가치인 유대교적 전통을 지키는 것을 양보하는 결정을 하게 됩니다.

이 모든 일은 성령님의 일하심이었습니다. 그 시대에 중요하게 여겨지는 종교적 전통과 예식을 넘어서 예수 그리스도의 죽음과 다시 사심이라는 복음의 소식이 누구에게나 소통될 수 있게 일하신 것이죠. 성령님이 충만한 또 일하시는 교회는 그저 예배가 특정한 방식으로 뜨거워지는 것만으로 제한되어서는 안 될 것입니다. 성령님의 일하심은 언제나 교회 안팎의 모두를 향한 하나님의 사랑이 전해지고 공감되는 것을 위해 이루어져 왔으니까요.

개신교의 시작이라고 할 수 있는 종교개혁가 마틴 루터는 어떨까요? 그가 95개조 반박문을 성전 문에 박아 놓았을 때는 성례와 예식에 갇혀 볼 수 없던 진리를 누구나 보고 읽고 만나게 하기 위함이었죠. 거기에 멈추지 않고 성경을 번역하는 일을 계속해서 전개했고 말씀을 강론하는 과정을 통해 예식으로 만나는 하나님이 아닌 하나님을 만나고 그 사랑을 소통할 수 있는 교회 공동체를 꿈꾸었습니다. 교회는 그 시작부터 지금까지 어쩌면 하나님과 세상의 소통의 장으로서의 역할을 하기 위해 고민하고 애써 왔습니다.

그런데 그 소통이 이루어지지 않는다면 그것은 쉽게 지나칠 수 없는 문제가 틀림없습니다. 그것은 우리의 목적이 종교적 예식을 지키는 것이 아니라 하나님의 마음을 공감하고 소통하는 것이기 때문입니다. '나아가는예배'는 함께공동체가 이 세상과의 소통의 질문에 고민하고 답을 찾는 과정이고 노력입니다. 오늘 처음 예배를 찾은 이가 자신의 삶과 복음의 진리가 동떨어진 이야기가 아니라는 것을 발견하는 장을 만드는 것이죠.

그렇다고 신앙생활을 오래 한 분들을 외면하는 것은 아닙니다. 기도를 근사하게 하고 성경을 박식하게 이야기할 수 있는 일명 종교적 사람을 키워내는 과정은 물론 아닙니다만. 우리의 신앙의 고민이 실제로 이루어지는 곳, 일상의 삶에서의 그리스도인으로 사는 것에 대한 이야기는 가장 일상적인 소통 방식으로 공감하려고 하는 예배가 '나아가는예배'입니다.

아무리 교회를 오래 다녀도 실제 그 신앙의 고민의 지점들은 일상의 지점들에 연결되어 있을 때가 많기 때문입니다. 삶에서 만나게 되는 물질의 문제, 건강의 문제, 자녀의 문제 등등은 신앙생활에만 관련된 문제라기보다는 교회 안팎의 누구나 만나게 되는 고민들이기 때문입니다. 그 실질적 상황 속에 고민들의 답을 같이 신앙의 눈으로 찾아가는 과정이 나아가는예배이기도 합니다.

옷차림이 다릅니다

이거 어떻게 하냐고요? 시작은 우선 옷차림이 다릅니다. 앞에 서는 찬양 인도자 혹은 설교자가 양복을 입고 하는 것이 나쁜 것은 아니지만 조금은 예식적이고 다가가기가 거리감이 느껴질 수 있기 때문입니다. 함께공동체의 '나아가는예배'의 설교자와 찬양 인도자는 캐주얼한 차림으로 예배 참석자들을 맞습니다. 교회가 익숙지 않은 분들께 교회에 가자고 초대했을 때 의외로 자주 나오는 반응 중 하나가 '입을 옷이 없다'라는 것 알고 있으셨나요?

물론 하나님 앞에 나올 때 가장 좋은 옷을 입고 격식에 맞추는 것도 중요하지만 그보다 더 중요한 것은 누구든지 그들의 일상에 있는 모습 그대로 하나님께 종교적 형식적 부담 없이 나오기를 원하기 때문입니다. 그리고 실제로 함께공동체 예배 참여자분들은 부담 없이 자신이 선호하는 의류를 입고 예배에 참석하십니다. 대표목사인 김요한 목사님은 그의 첫 번째 저서로

《목사님 오늘도 청바지 입으셨네요》를 쓰기도 했습니다. 청바지는 그저 의류의 종류가 아니라 우리의 일상의 모습 그대로를 상징하기도 합니다.

말투와 톤이 다릅니다. 일반적으로 우리가 아는 교회는 뜨겁게 기도하고 칼칼한 목소리와 부흥사적 톤으로 설교하는 모습입니다. 그 모습과 열정이 나쁘다는 것이 아닙니다. 다만 누군가 이 모습을 처음 본다면 부담될 수 있는 모습이지요. 또 그 열정의 모습과 일상의 모습은 사실 거리가 있는 것도 사실입니다.

'나아가는예배'는 일상의 말투와 톤으로 예배 안에서 소통합니다. 예배 안에서 다루는 이야기들도 다분히 일상적인 내용이 많습니다. 극적이고 종교적인 경험들도 물론 영감을 줄 수도 있고 유익할 수 있지만 우리 삶에는 그렇지 않은 일상의 모습들이 훨씬 많기에 일상의 이야기 속에서 만나는 하나님의 이야기를 더 나누려 합니다. 이것이 교회 밖 이웃들 그리고 중요하게는 교회 안의 공동체에도 일상의 하나님을 만날 때 중요한 요소가 될 수 있습니다.

'나아가는예배'는 일상의 말투와 톤으로 예배 안에서 소통합니다.
예배 안에서 다루는 이야기들도 다분히 일상적인 내용이 많습니다.
극적이고 종교적인 경험들도 물론 영감을 줄 수도 있고 유익할 수 있지만
우리 삶에는 그렇지 않은 일상의 모습들이 훨씬 많기에
일상의 이야기 속에서 만나는 하나님의 이야기를 더 나누려 합니다.

대중가요를 부르기도 합니다

일상의 이야기를 다루다 보니 일상의 문화 소스를 자주 씁니다. 주제와 방향성이 맞으면 대중가요를 부르기도 합니다. 얼마 전 예배 중 이문세 님의 〈사랑 그렇게 보내네〉라는 곡을 가지고 설교를 한 적이 있습니다. 설교 중에 이 노래를 불렀고 이 노래를 들으며 예배 참여자 중 많은 분들이 울었습니다. 이 곡의 가사는 다음과 같습니다.

아무 말도 아무것도 안 했는데
이름 하나만으로도 마음이 아려와
아주 멀리 가버릴 줄 왜 몰랐을까
사랑 그렇게 보내네
(중략)
바라고 바라다 다시 한 번 만날 수 있게 되면

그땐 고맙다고 늦지 않게 말하리
사랑 그렇게 보내네
사랑 그렇게 보내네

예배 참여자분들 중 특별히 정말 많이 우신 분이 계셨는데요. 그 주에 사랑하는 남편을 먼저 천국에 보낸 분이셨습니다. 아무래도 가사 하나하나가 많이 와닿으셨겠지요. 그리고 그 메시지를 통해 전해진 하나님의 마음이 그 마음을 위로하셨을 것입니다. 마음이 열리고 소통되었던 것이죠.

찬송가도 그 역할을 할 수 있습니다. 하지만 누구나 하나님의 마음을 만나게 하기 위해서라면 찬송가의 영역을 넘어 그들에게 친숙한 음악으로 만날 수 있다는 것이 '나아가는예배'의 마음입니다.

'나아가는예배'의 초창기부터 예배 음악을 맡아주었던 싱어송라이터 이길승 님도 이 흐름에 큰 역할을 해주었습니다. 예배 중 함께 부를 노래가 기존의 찬양곡들 중 고르기 마땅치 않을 때 그 주어진 주제에 맞춰 노래를 만들기도 했습니다. 그 곡들을 모아 이길승 님의 3집 앨범을 채우기도 했습니다. 3집 앨범의 제목도 '교회가 노래하네'라고 붙였지요. 그 곡들 중 교회의 가사는 다음과 같습니다.

> 교회는 주님의 몸 그 머리는 예수
> 세상의 어떤 힘이 무너뜨릴 수 없네
> 교회가 서 있는 곳 늘 계시는 예수
> 세상 그 어떤 이도 그를 만날 수 있네
> 교회로 옵니다 예수님 계신 곳
> 교회로 옵니다 난 주가 필요해
> 교회로 옵니다 예수님 계신 곳
> 교회로 옵니다 난 주를 만나요 예수
> 교회는 주님의 몸 그 머리는 예수
> 내 삶의 주인이시니 나도 주님의 교회
> 교회가 서 있는 곳 늘 계시는 예수
> 내 안에 그가 계셔 당신을 부르네
> 교회가 갑니다 내 몸이 갑니다
> 교회가 갑니다 당신을 불러요
> 교회가 갑니다 내 몸이 갑니다
> 교회가 갑니다 당신을 찾아요 예수

우리가 교회로 오지만 궁극적으로는 그 교회 된 우리가 그 교회를 기다리는 이들에게 가겠다는 이 가사는 '나아가는예배'의 마음을 잘 담아냅니다. 이 노래를 부르며 우리가 종교적이거나 예식적인 예배가 아닌 머리 되신 예수 그리스도의 몸된 교회로서 부르심의 예배를 경험합니다. 음악이 가진 힘이며 음악을 통해 일하시는 성령님의 일하심입니다.

짧은 연극을 공연하기도 합니다

 짧은 연극을 예배 중에 준비할 때도 있습니다. 대단한 작품이나 성극을 준비하기보다는 일상에서 맞닥뜨릴 수 있는 삶의 여러 가지 모습을 짧게 담아내는 데 주력했습니다. 배우는 교회 집사님들이 맡아주셨고 그분들도 이야기 속에 자신들의 일상의 모습을 담아내주셨죠.

 영상 자료도 자주 씁니다. 삶의 고통을 다루는 드라마를 보며 자신의 삶을 나도 모르게 돌아보게 됩니다. 배우들의 한마디 한마디가 나의 읊조림이 되고 그 마음을 헤아리게 됩니다. 때로는 코믹한 극을 보면서 마음이 열립니다. 그리고 그 열린 마음은 자연스레 이어지는 메시지에 젖어 들게 하는 흐름을 만듭니다.

 다음은 교회에서 올렸던 드라마 중 2인극 〈동행〉의 대본을 공유합니다. 크리스마스 때 올렸던 극으로서 배우 김건희 님의 원작을 각색해서 올렸습니다.

스킷 드라마 〈동행〉(2018년 12월 23일)

오 예수님, 안녕하세요. 잘지내셨어요?
제가 요즘에 좀 뜸했죠? 요즘에 신경 쓰는 일이 많아서 통 찾아뵙지를 못했네요.
그런데 오늘은 성탄절이잖아요. 우와! 기쁜 거예요. 성탄절 생일인데 별로 안 기쁘세요?
(예수님 손을 잡고) 우와!!!
예수님 오늘은 제가 다른 거 전혀 안 하고 예수님하고만 있을 거예요.
좋으시죠? 변화가 없으시네. 역시 변함없는 주님이시네요.
잠깐 앉으실래요?
이렇게 예수님하고 나란히 있으니 참 좋네요. 조금 서먹한 거 같기도 하고요.
뭐 좋아하세요?
침묵
예.
아 생각난 게 있다.
이거 좋아하시겠네.

(책을 하나 들며) 짜잔 저 이제 성경 읽을 거예요.

어디 보자 성탄절이니까 〈마태복음〉 1장… 예수님 태어난 이야기 볼게요.

아브라함과 다윗의 자손 예수 그리스도의 계보라. 아브라함이 이삭을 낳고 이삭은 야곱을 낳고 야곱은 유다와 그의 형제들을 낳고 유다는 다말에게서 베레스와 세라를 낳고 베레스는 헤스론을 낳고 헤스론은 람을 낳고 람은 아미나답을 낳고 아미나답은 나손을 낳고 나손은 살몬을 낳고….

(읽으면서 졸기 시작한다)

(졸다가 정신을 번쩍 차리고)

아 예수님 제가 절대 안 졸았어요!!!

예수님 족보가 정말 뼈대 있는 집안이시다.

성경은 오늘은 여기까지 볼게요. 한 번에 많이 보면 또 질릴 수 있으니까.

뭐 다른 거 좋아하는 거 없으세요?

(전화가 와서 쳐다보다가)

걱정하지 마세요. 저 오늘 예수님하고만 시간 보낼 거예요. 안 받을 거예요.

(전화를 몇 번 더 쳐다보고)

이것만 얼능 받고 다시 예수님하고 놀아드릴게요.

(전화를 받는다)

어어. 그래. 지금 집에 손님이 와 계셔서.

뭐 김 사장이 지금 만나 줄 수 있다고 연락 왔다고?

그렇지 중요한 바이어지. 지금 당장 만나야 한다고?

(예수님을 쳐다본다)

오늘 정말 안 되는데….

될 거 같아.

금방 갈게.

(전화를 끊는다)

얼능 가야겠다.

(따라오는 예수님을 중앙으로 다시 옮기고)

예수님! 제가 갑자기 급한 일이 생겼네요.

급한 일은 항상 갑자기 생겨요.

나갔다 올 테니까 들어오면 우리 다시 얘기하죠.

잠시만 여기 계셔요.

(예수님이 따라온다)

말귀를 못 알아 들으시나 본데 저는 나가지만 예수님은 여기 계시면 돼요.

여기, 빛 가운데 거하세요.

다녀올게요.

(또 따라오는 예수님한테)

아 제가 갔다 올 동안 심심하실까 봐 그러시구나.

티브이 보실래요? 성탄절 특집 영화 할 거예요.

냉장고에 먹을 것도 좀 있고.

아 냉장고 안에 물통 있잖아요? 그거 와인으로 바꿔주시면 좋긴 한데….

맘에 안 드세요?

금방 요건만 해결하고 들어올 테니까 조금만 기다리세요.

아 그만 좀 따라오시고요.

예수님 몇 번 말씀드려요!!!

그냥 여기 조금만 계시라고요.

한두 시간 정도는 혼자 계실 수 있으시잖아요.

제가 물론 오늘 예수님이랑 시간을 보낸다고는 했지만 한 가정과 회사를 책임지는 가장이자 회사 대표잖아요.

제가 책임질 일이 얼마나 많은데요.

제가 거래처 사람들 만나고 실적도 올려야 다 먹고 살 수 있는 거 아시잖아요.

그러니까 보채지 마시고 다음에 제가 시간 낼 테니까 좀 계셔요.

(남자가 가려 하자 또 예수님이 따라온다)

아 쫌!!!

거래처 사람 만나고 일 얘기할 때 예수님 같이 있으면 집중이 안 된단 말이에요!!!

거기서 같이 놀기도 하고 술도 거하게 해야 하는데 그리고 중간에 마진도 많이 남기고 해야 하는데 예수님 있으면 부담된다고요!!! 그냥 여기 집에 얌전히 계셔요!!!

아 그리고 전에 사업 위기 왔을 때 정말 죽을 만큼 힘들었는데 예수님이 너무 오랫동안 그냥 날 거기 두셨잖아요!!! 아무것도 안 하고!!!

그때 제가 마음이 얼마나 상했는데요!!!

정말 서럽고 더럽고 예수님은 없는 것 같고!!!

물론 나중에 알았어요. 이렇게 계속 저한테 붙어 계셨던 거.

그런데요, 저 이제 그렇게 힘든 거 싫어요.

제가 지금 가서 거래처 사람 만나서 해결할 거예요.

그러니까 여기 그냥 얌전히 계시라고요!!!

(예수님이 또 따라온다)

마지막으로 말씀드려요.

따라오지 마세요.

(한 손석 붙잡아 올리며) 예수님 여기! 꼼짝 말고 계시라고요!!!

그러니까 따라오지 말라니까요!!!

(예수님 고개를 떨군다)

(남자 쳐다본다. 그리고 관객을 바라보며)

오늘 성탄절이래요.

그런데 난 예수님 생일인 오늘도 예수님을 십자가에 못 박았네요.

실제 드라마를 보기 원하시는 분을 위해서 당시 드라마 영상도 공유합니다.

 https://vimeo.com/308223774

영화 설교가 있습니다

요즘은 영상의 시대라고 할 만큼 여러 종류의 영상 매체를 접하고 있고 실제로 스스로 영상을 만들기도 하는 시대입니다. 영상 친화적 시대를 살아가는 오늘날의 대중에게 영상은 가장 쉽고 효과적으로 공감을 끌어낼 수 있는 도구입니다.

이 중 영화 설교는 함께공동체 예배 때 자주 등장하는 설교의 한 장르입니다. 영화를 소개하고 그 영화에서 만나는 생각들 그리고 그 생각들에 대한 하나님의 마음으로 이야기합니다. 영화의 스토리텔링의 기법이 관객으로 하여금 감정이입을 하기 용이하니 소통으로서의 예배를 기획할 때 아주 유용한 도구가 됩니다.

지금까지 영화 설교로 만난 영화들은 그 장르와 종류에서 참 다양한데요. 〈남극의 쉐프〉, 〈비긴 어게인〉, 〈세 얼간이〉, 〈산티아고 가는 길〉, 〈슈렉〉, 〈님아 그 강을 건너지 마오〉, 〈동경가족〉,

〈책상 서랍 속의 동화〉, 〈아무도 모른다〉, 〈노 임팩트 맨〉, 〈카모메 식당〉, 〈블루 재스민〉, 〈필로미나의 기적〉, 〈스틸 라이프〉, 〈안녕하세요〉, 〈밀리언달러 베이비〉, 〈학교 가는 길〉, 〈어바웃 타임〉, 〈세상에서 가장 빠른 인디언〉, 〈심야식당〉, 〈숏텀12〉, 〈모스트〉, 〈위아영〉, 〈드롭박스〉, 〈유스〉, 〈사우스 포〉, 〈싱 스트리트〉, 〈우리들〉 등이 있었습니다.

특히 이 중에서 시각장애인 학생들이 다니는 학교를 다룬 다큐멘터리 〈안녕하세요〉는 임태형 감독이 베이비박스의 주인공 이종락 목사님과 직접 오셔서 인터뷰로 진행되기도 했습니다. 영화의 이야기가 우리의 이야기로 실감되고 그 과정을 통해 하나님의 이야기가 우리의 이야기로 공감되는 그런 경험을 목표로 기획되었습니다.

이 모든 방법들은 종교적 교훈을 주기 위함이 아닙니다. 일상 속에 우리가 만나는 감동이나 관심사항들은 일명 세상의 문화 속에 녹아 있는 경우가 많거든요. 이런 요소들로 우리는 예배 참여자분들이 닫힌 마음을 열고 자신의 모습 그대로 하나님을 만날 수 있게 돕기 원합니다. 이 외에도 일상의 삶에 복음을 경험하고 누리는 좋은 도구가 있다면 무엇이든 쓸 수 있습니다.

이 모든 방법들은 종교적 교훈을 주기 위함이 아닙니다.
일상 속에 우리가 만나는 감동이나 관심사항들은
일명 세상의 문화 속에 녹아 있는 경우가 많거든요.
이런 요소들로 우리는 예배 참여자분들이 닫힌 마음을 열고
자신의 모습 그대로 하나님을 만날 수 있게 돕기 원합니다.

헌금을 나누어드린 적이 있습니다

함께공동체 예배 중 헌금을 예배 참여자들에게 나누어드린 적이 있습니다. 네. 걷은 것이 아니라 나누어드렸습니다. 5천 원씩 담긴 헌금 봉투를 예배 참여자들에게 하나씩 드렸습니다. 그 봉투에는 '당신이 교회입니다'라고 씌어 있었고요. 건물이 교회가 아니고 담임목사님이 교회가 아니고 교회 공동체의 한 명 한 명이 교회이기에 그들이 헌금을 교회로서 쓰기를 원했습니다. 그리고 그 5천 원에 자신의 돈을 보태어 교회로서 어떤 일을 하셨는지 알려달라고 했습니다.

많은 이야기들이 들려졌고 그 고백들 중에는 자신이 교회라는 것을 처음 생각해보셨다는 분들도 있었습니다. 그 고백들 중 몇 개를 나눕니다.

"헌금봉투를 받고 기도할 때 울었습니다. 생전 처음으로 교회에서 돈을 받았다는 놀라움보단 당신이 교회이고 교회인 당신에게 이 헌금을 드린다는 문구 때문이었습니다. 하나님께서 저를 교회로 인정해주심을 알게 되었습니다. 몹쓸 죄인을 교회로 인정해주셨습니다. 할렐루야. 주신 이 헌금은 집에 가져가서 아내와 자녀에게 보여주고 가보로 삼겠습니다. 다만 다시 이 몇 배의 금액을 헌금함에 넣겠습니다. 저를 인정해준 함께하는교회에 드리겠습니다. 감사합니다. 하나님께서는 저를 웃기기도 하시고 울게도 하시는 짱이신 분입니다."

"목사님 안녕하세요.^^ 친구 전도하려고 함께하는교회로 왔는데 제가 더 열심히 다니고 있네요~. 친구가 몇 번 왔다가 바쁘다고 오지 않고 있는데 그 친구를 위해 주신 헌금을 사용하였습니다~. 정말 감사합니다.♡"

"오늘 함께하는교회에서 하나님께 받은 돈으로 같이 일했던 동생들에게 닭강정을 사줬습니다. 항상 돈을 중요한 가치로 생각하여 돈을 좇았었는데, 돈보다 중요한 것이 나누고 베푸는 삶이라는 것을 다시 한 번 느꼈습니다. 하나님의 뜻대로 살기 원합니다. 오늘 이렇게 좋은 기회 만들어주신 함께하는교회 모든 분들과 하나님께 감사합니다!!!"

"목사님, 안녕하세요? 함께하는교회가 주신 헌금을 어떻게 써야 할지 고민하다 너무 늦게 쓰게 됐네요~. 헌금은 개척교회 목사님 아이 돕는 치료비 헌금으로 사용했습니다. 헌금을 받아서 쓰려니 헌금의 의미를 더욱 생각하게 되는 뜻깊은 경험이었습니다. 감사합니다~."

"오늘은 지난 예배 때 받은 헌금 이야기를 해드리려 합니다. 앞 동에 아이들 친구엄마를 몇 년 전 전도를 해서 집 가까운 작은 교회에 등록하고 한동안 잘 다녔습니다. 그러나 남편분이 군인이신 관계로 지방으로 발령이 나서 주말에 남편을 보러 교회를 빠지다보니, 주일성수를 지키지 못하고 교회에도 뿌리내리지 못했습니다.

그러던 중 디스크로 작은 시술을 받고 퇴원한 다음 날 재채기를 하다가 디스크가 터져서 다시 입원을 하게 되었어요. 그 소식을 듣고 누가 먼저라고 할것 없이 신앙을 다시 회복하는 길밖에 없겠다고 이야기 나누면서 매일 병실을 찾아가 제가 중보하며 받은 말씀을 나누고, 그 엄마에게 기도를 가르쳐주고 있습니다. 주말에 아이들만 집에 있어야 할 일이 있어서 소고기 한 근을 사서 불고기와 밥을 해서 그 집에 가서 밥을 차려주고 두 아이들에게 부모를 위해 기도해야 하는 이유를 말해주고 왔습니다.

제가 잘하는 게 하나도 없고 제 존재가 무의미하게 느껴지는 순간 하나님이 제일 기뻐하실 일을 주셔서 정말 감사합니다. 아무 능력 없어도 이 일 하나면 하나님께서 기뻐하시고 제가 이 땅에 존재하는 충분한 이유가 되는 것 같아요."

"안녕하세요~. 저는 함께하는교회에 출석한 지 2년 정도 된 ○○○라고 해요~. 횟수로는 3년 차죠. ㅋㅋ

지난주 교인 한 사람 한 사람이 모두 교회라며 교회에 헌금을 한다는 목사님 말씀을 듣고는, 눈물이 핑 돌았습니다. 하나님께서 나를… 그래도 나를 보고 계시는구나… 외면하신 것이 아니구나… 그런 마음이 들어서요. 언제부턴가 기도 응답도 안 되는 것 같고, 나를 버리셨나… 철저한 외로움을 느끼던 순간들의 연속이었는데, 목사님께 '여러분이 교회이고 그래서 교회에 헌금을 하니 여러분을 통해 하나님이 일하시는 것을 경험하라'는 말씀을 들었을 때 머리에 종이 울리는 느낌이었어요. 나 아직 생각하고 계시구나… 나를 통해 일을 하라 하시는구나… 아 맞아 내가 교회인데, 난 왜 날 사랑하지 않고 부정적인 마음으로 하나님이 날 버리셨냐라고 의심했을까 하고요.

오늘은 5천 원 헌금에 제 거금(ㅋㅋ) 3천 원을 더해서 업무와 인간관계로 지친 회사 막내 여직원과 함께 모닝차를 마셨습니다. 짧은 아침 시간에 고민만 들어주다 하나님 얘기를 전해주진 못했지만, 이번을 시작으로 다음 티타임에는 좋으신 하나님에 대해 얘기를 전해보자 마음먹었습니다. 제 생활과 생각과 비전에 대한 그림이 바뀌는 예배에 참여하게 해주신 하나님께 감사드리고, 하나님 마음을 전해주는 도구로 함께하는교회를 만날 수 있어서 행복합니다."

대부분의 예배참석자들은 받은 5천 원에 자신의 돈을 더 많이 더해서 자신이 교회로서 부르심을 겸손하게 찾고 그 목적을 위해 실천했습니다. 헌금이 어떻게 쓰여졌는지도 중요하지만 우리를 향한 하나님의 마음이 소통된 것이 더 의미 있었습니다.

커피 사러 왔다가 예배를 드리다

오늘 처음 예배에 참석한, 교회 문화에 익숙지 않은 이도 공감할 수 있게 그 문턱을 낮추는 일을 해왔기에 흥미로운 상황도 참 많았습니다. 네트워크 교회 중 일요일 오후에 카페를 대여해서 예배를 드리는 교회가 있었습니다. 예배 중 어떤 여자분이 들어오시더니 상황을 살피시고 갸우뚱하시더라고요. 앉아 있는 다른 교회 분께 귓속말로 무언가 질문을 하시더니 앉아서 예배를 끝까지 참석하셨습니다.

예배 후에 물었습니다. 어떻게 오셨는지. 사실 이분은 교회를 찾아오신 게 아니라 그 카페에 단골 손님이셨지요. 평소와 다름없이 커피를 사러 들어왔다가 분위기가 조금은 다른 것을 보고 앉아 있는 분께 물었던 거죠. "끝났나요?" 아마 영업시간이 끝났는지 물었을 것입니다. 그 질문에 앉아 있던 분은 예배가 끝났는지 묻는 줄 알고 "아직이요."라고 답을 했다고 합니다. 그렇게 앉아서 예배를 참석하셨습니다.

예배가 어떠셨는지 물었더니 "토크 콘서트 같고 마음이 따뜻해져서 참 좋았습니다."라고 답하셨어요. 그리고 이어지는 친교

시간에 "저희가 예배가 끝나고 모여서 간식을 나눠 먹으며 친교를 하는데 함께하실래요?"라고 물었더니 이분이 대뜸 그러시더라고요. "그럼 제 차에 와인이 두 병 있는데 가져와도 될까요?" 그만큼 자신이 함께할 수 있는 사람들이라고 신뢰하셨기 때문이겠죠. 이후에 이렇게 이분은 이 교회의 가족이 되어주셨습니다.

하나님을 기쁘시게 하는 예배

 어떤 분들은 그렇게 말씀하십니다. 함께공동체의 '나아가는 예배'는 하나님이 아니라 인간을 기쁘게 하는 예배라고. 그런데 하나님을 기쁘시게 하는 예배란 도대체 무엇일까요? 거룩해 보이는 옷을 입고 거룩하게 들리는 표현들을 쓰면서 가장 종교적인 경험이 하나님이 기뻐하는 예배일까요? 아니면 그렇지 않더라도 일상의 모습으로 가장 있는 모습 그대로의 날것의 마음으로 하나님을 만나는 것 그것이 하나님이 기뻐하는 예배가 아닐까요?

 함께공동체의 '나아가는예배'가 주어진 숙제를 완벽하게 해왔고 그 고민의 정답이 되어왔다고는 말할 수 없습니다. 왜냐하면 이 과정은 완성이 있지 않기 때문입니다. 끊임없이 고민하고 새로운 시도를 하는 것을 멈추지 않는 과정을 지나왔고 또 지나고 있습니다.

답을 가지고 있다고 하기는 어렵지만 정말 해야 할 질문을 고민하고 있는지가 더 중요한 듯합니다. 예배는 하나님의 마음과 우리의 마음이 가장 날것 그대로 만날 수 있는 소중한 장이니까요. 마지막으로 함께공동체의 네트워크 교회 중 하나인 가까운교회에 출석하시는 분의 고백으로 마무리 지을까 합니다.

목사님. ㅎㅎ 사실은 이런 것 그다지 좋아하지 않는 사람이지만 말하지 않고는 못 배길 것 같아서 남겨봅니다.

지지난 주는 제가 홍대 앞 '가까운교회'의 예배에 참석한 지 딱 1주년이 되는 날이었어요. 그저 콘서트인 줄만 알고 음악을 들으러 왔다가 엉겁결에 교회의 예배에 참석하게 된 것이지요.

길게 길게 이야기한 저 과거 때문에 사실 교회가 싫고 목사님이라는 직업들도 싫던 상황인데 직업이 직업인지라 자꾸 사역지에 나가게 되고 반주하게 되고 말도 못 하던 때 '가까운교회'를 만났습니다. 그때는 유급반주자로 들어가기 전 교회를 정하지 못했을 때였는데 콘서트인 줄 알고 무작정 왔었죠. 사실 좋다고도 말 못 하겠고 우리 교회라고도 말하기 어려웠어요.

저는 보기보다 낯도 많이 가리고 대인기피도 심한 편입니다. 믿기 어려우실지도 모르지만요. ㅎㅎ 죄책감도 강한 편이고요.

집회나 뭐 이런 종류의 예배사역을 나름 몇 년 이상 해서 집회도 많이 다녔는데 그런 예배나 긴 설교는 제가 견디지를 못해요. 집중력이 병적으로 짧아서 견디지를 못합니다.

이 교회에 와서 메시지를 들으며 참으로 오랜만에 말씀을 읽고 싶다, 묵상하고 싶다, 예수님을 더 알고 싶다는 생각을 했습니다. 오랜만이 아니라 어쩜 처음일지도 몰라요. 의무감이 아니라 정말 하고 싶단 생각이 들었던 것은요.

저는 기질적으로도 우울한 사람이라 그런가 요즘 절망스러운 기분이 많이 듭니다. 어제도 예배를 참석하며 특히 시작 전 영상에 자살이라는 단어를 보고 깜짝 놀랐습니다. 별로 그런 종류의 표현을 좋아하진 않지만 아… 오늘 하나님이 일하시는구나 하는 생각이 들었달까요.

사실 대부분 그랬지만, 이달의 예배는 저한테 많은 답을 주었습니다. 하나님을 사랑하는 것이 무엇인지, 말씀대로 사는 것이 무엇인지 아무도 저에게 구체적으로 알려주지 않았어요. 그냥 그렇게 하라고만 했을 뿐이었죠.

그런데 홍대 '가까운교회'는 알려주셨네요. 그래서 저는 그렇게 알려주신 대로 하려고 합니다. 매일 실패하지만, 언젠간 되겠죠. 이 교회에 와서 참 좋습니다. 일주일 동안 살면서 주일이 기다려지는 건 정말 오랜만에 느껴보는 감정인 것 같아요.

아직도 우리 교회라는 표현을 쓰는 건 마음이 쉽지 않습니다. 어쩐지 부정 탈 것 같은 기분이 들어서요. 하지만 어쨌던 꼬박꼬박 안 빠지고 나오고 슬슬 다른 사람들 옆구리도 찔러보고 있고 표정도 밝아져가고 있고 그러다보면 언젠간 우리 교회라고 할 수 있겠죠.ㅎㅎㅎㅎ

그냥… 고맙단 말씀을 전하고 싶어서 메시지를 보냅니다. 답장은 안 하셔도 돼요.하하

그럼 겨울에 만나요.^^

만년동 시절의 책임 의식과
주인 의식을 회복하자

● **양회성** 함께하는교회 예배팀장

만년동 시절 예배가 끝나고 스크린이 올라가면서 닫혀 있던 커튼이 열리고, 커튼 뒤 창문을 통해 환한 햇살이 비추면 그 빛을 향해 뛰어나가고 싶은 충동이 들었던 기억이 있다. 당시 예배는 '열린예배'로 그 이름과 참 잘 어울린다고 생각했다.

현재 함께하는교회의 주일 예배는 '나아가는예배'라고 부른다. 그리고 예배의 형식은 기성교회와는 사뭇 다른 모양으로 준비된다. '열린예배' 때부터 이어져오는 큐-시트 Que sheet라 불리는 예배 기획서에는 말씀, 찬양, 드라마, 성찬, 음향, 조명, PPT, 카메라 등의 구성이 분(초) 단위로 구분되어 각각의 역할이 담겨 있다.

이 큐-시트는 늦어도 예배 하루 전 예배를 준비하는 이들에게 공유되고 예배에서 각자의 역할을 숙지하여 예배를 진행한다. 이는 예배의 크고 작은 모든 요소에서 함께 참여하여 예배를 만들어간다는 취지와 더불어 교회 예배에 익숙하지 않은 낯선 이들이 잘 짜인 구성 속에서 편안한 마음으로 예배를 드릴 수 있도록 돕고자 하는 의도도 있다.

'나아가는예배'는 누구라도 편안하게 와서 평안을 얻고 가는 예배가 되기를 바란다. 그리고 그런 마음으로 예배를 준비한다. 그러나, 그 예배가 예배를 드리러 오는 성도들에게 제공되는 질 좋은 서비스가 되는 것을 바라지는 않는다. 예배를 즐기는 것은 좋다. 그리고 즐겨야 한다. 하지만, 그 예배를 편안하게 즐기고 누리는 것에 그치는 것은 경계해야 한다.

함께하는교회는 강요하지 않는다. 오히려 너무 자율에 맡겨진다. 만년동 시절 교회의 규모가 작을 때는 공동체 구성원 한 사람의 파이가 크다 보니 교회에 대한 책임 의식과 주인 의식이 상당히 컸다. 지금은 주로 스테프가 광고를 진행하지만, 만년동 시절에는 '새 가족 교육'을 마친 새 가족이 수줍은 모습으로 앞에 나와 교회 소식을 전했다. 이를 통해 새 가족도 자연스럽게 교회 공동체의 주체가 되었음을 보여주었다. 하지만, 덕명동으로 이사 오고 교회가 대형화되면서 공동체 구성원 한 사람은 그저 군중 속의 한 명으로 스스로 묻어가는 경향이 보인다.

잘 만들어진 예배를 통해 나 혼자 하나님 앞에 나아가는 예배가 아니라, 이웃과 함께 하나님께 나아가고, 또 하나님으로부터 멀리 떨어진 사람들에게도 다가가 함께 나아가는예배가 되기를 바란다. 그러기 위해서는 누구나 예배 안내자가 될 수 있고, 누구나 예배 진행을 도울 수 있고, 누구나 교회 각처에서 봉사할 수 있는 시스템이 만들어지면 좋을 것 같다.

이를 위해, 교회는 더 세밀하게 조직화되었으면 한다. '누군가 하겠지' 하며 한 걸음 뒤에서 머뭇거리는 이에게 함께 나아가자고 적극적으로 손을 건네고, 더 적극적으로 독려하고 함께 나아갈 수 있는 시스템이 필요하다고 생각한다.

이렇게 함께 '나아가는예배'가 함께공동체의 모이고, 자라고, 나누고, 나아가는 모든 사역의 밑거름이 되기를 소망한다.

3부

나아가는 교회

이길승
이정도

다양한 공간에서 모이는 하나의 연결된 교회,
우리는 그것을 '나아가는교회'라고 부르기로 했습니다.
그렇게 서울 홍대 앞에서 새로운 나아가는교회를 준비하며
함께하는교회는 함께공동체가 되었습니다.

멀티사이트 교회에서
네트워크 교회로

 함께하는교회 설립 10주년이었던 2008년이었습니다. 3월에 설립 감사예배를 드린 후, 앞으로 교회가 나아갈 방향에 대해 함께 고민해야 한다는 공감대가 형성되었습니다. 그리고 2008년 5월, '비전 나눔의 밤'에서 함께하는교회가 나아갈 방향을 함께 나누었습니다. 그날 몇 가지 주제를 나누었지만, 그중 가장 중요한 부분은 바로 '멀티사이트 교회Multi-site Church'에 관한 것이었습니다.

 다양한 공간에서 모이는 하나의 교회라는 개념의 멀티사이트 교회는 이미 '지교회'나 '지성전'이라는 이름으로 한국 교계에서도 익숙한 형태이기는 했습니다. 당시에 익숙한 멀티사이트 교회는 보통 대형교회가 위치적 한계를 넘어서 확장하기 위해 전략적으로 유리한 장소에 프렌차이즈식으로 확장하는 개념이었습니다.

그러나 2008년의 함께하는교회는 400명 남짓 출석하는 중형교회로 지교회를 세울 만한 규모도 아니었고, 무엇보다 함께하는교회가 추구해온 것은 양적 성장이 아니었기에 일반적인 지교회 전략은 함께하는교회와 참 어울리지 않는 이야기였습니다.

교회의 규모가 커지기 위해서라면 400명 수준의 교회가 할 일은 중형교회에서 대형교회로 넘어가도록 힘을 모으는 것이었습니다. 그렇게 대형교회가 되어 어느 정도 지명도를 얻은 후에는 더 확장하기 위해 지교회를 세우는 것이 일반적이었습니다.

그날, 비전 나눔의 밤에서 이야기한 함께하는교회의 멀티사이트는 조금 다른 개념이었습니다. 더 많은 사람을 모으기 위한 지교회 전략이 아니라, 오히려 교회가 더 양적으로 커지는 데에 쓸 힘을 좀 더 선교적으로 쓰기를 원하는 전혀 반대 방향의 목표를 이야기했습니다.

우리에게 사람을 모을 수 있는 지명도가 있기에 시도하는 멀티사이트가 아니라, 다른 지역에도 우리와 같은 공동체가 필요하다면 우리의 에너지를 거기에 쏟는 것이 더 하나님께서 원하시는 일이라고 생각했습니다. 개인이 교회를 개척한다면 재정적 자립을 위해 어쩔 수 없이 일반적인 교회 스타일을 벗어나기 힘들지만, 교회가 교회를 개척한다면 새로운 형태의 공동체가 필요한 이들을 위해 무모한 시도를 할 수 있겠다는 생각도 있었습니다.

멀티사이트에 대한 비전을 나눈 후 다양한 방법이 고려되었습니다. 부산에서 우리 교회의 예배를 영상으로 받아서 함께 예배드리자는 제안도 있었습니다. 그러나 예배영상만 공유한다는 것이 얼마나 순기능으로 작동할지에 대해 회의적이기도 했고, 기술적인 문제도 있었습니다.

그러다가 침례신학대학교에서 교수로 재직하며 협동목사로 함께하는교회를 섬기시던 목사님이 학교를 사직하고 교회를 개척하게 되었습니다. 멀티사이트 교회의 논의가 급물살을 탔고, 5월에 비전 나눔의 밤을 가진 후 약 두 달 만인 2008년 6월 29일에 용인함께하는교회가 시작되었습니다.

용인함께하는교회는 개척 2년 후인 2010년 5월에 한 차례 이전을 하기도 했습니다만, 결국 문을 닫게 되었습니다. 이 실패의 사례는 당시 함께하는교회에 많은 교훈을 주었습니다. 성도들의 공감과 공동체 내에서 협의의 과정이 더 필요했다는 점, 더

철저한 준비가 필요하다는 점도 중요한 교훈이었습니다. 그러나 가장 중요한 교훈은 교회의 가치관과 정체성, 방향성, 비전과 같은 소프트웨어적 일치와 깊은 공감이 필요하다는 것이었습니다.

용인함께하는교회에 대한 지원을 중단한 이유는 그 교회가 양적으로 성장하지 못했기 때문이 아니었습니다. 그 교회의 모습이 함께하는교회가 지향해온 가치와 달랐기 때문입니다. 비록 함께하는교회에서 협동목사로 계시던 분이 담임목사를 맡으셨

지만, 막상 용인에서 시작한 교회의 모습은 함께하는교회가 추구하던 가치관과는 다른 점이 많았습니다.

예배의 주제에 따른 영감을 주는 이미지를 활용하던 주보 대신 목회자의 학력과 경력이 길게 나열되고, 예배는 전통적인 형식으로 진행되었습니다. 하나님으로부터 멀리 있는 사람을 향하는 교회, 그렇기에 교회의 전통적인 형식보다는 교회문화가 익숙하지 않은 이들에게도 편안함을 줄 수 있는 예배를 추구해 온 함께하는교회의 가치관을 공유하는지를 확인하는 시간이 부족했습니다.

용인에서의 실패 경험을 통해 또 한 가지 배운 것이 있습니다. 그것은 바로 충분한 소통을 통해서 공동체의 의사결정이 이뤄져야 한다는 점입니다. 앞서 이야기한 대로 함께하는교회가 멀티사이트의 목표를 세우고 용인함께하는교회가 설립예배를 드리기까지의 일들이 불과 두 달 사이에 진행되었습니다. 충분한 소통과 논의 끝에 나온 결론이기보다는 열정적인 소수의 리더십에 의해 급하게 진행되었기에 많은 이들의 공감과 동참을 장기적으로 이끌어내지 못했고, 소위 말해 '뒷심이 부족한' 상황이 되었던 것입니다.

용인에서 실패했지만 함께하는교회는 멀티사이트의 목표를 포기하지 않았습니다. 대신 단순히 다른 장소에 있는 멀티사이트의 개념보다 하나의 가치관으로 연결된 네트워크Network의 개념에 더 초점을 두게 되었습니다. 다양한 공간에서 모이는 하나의 연결된 교회, 우리는 그것을 '나아가는교회'라고 부르기로 했습니다. 그렇게 서울 홍대 앞에서 새로운 '나아가는교회'를 준비하며 함께하는교회는 함께공동체가 되었습니다.

'가까운교회' 이야기

지난 25년 동안 여러 네트워크 교회가 개척되었고 '함께공동체'라는 이름으로 연결되어 흩어지는 교회의 의미를 실천해가고 있습니다. 그렇게 서울에 처음 시작된 네트워크 교회가 현재의 '가까운교회'입니다.

함께공동체는 '함께하는교회'를 본부로 하는 작은 지교회들의 모임이 아니라, 함께하는교회, 보리떡교회, 가까운교회, 링크처치Link Church, 하나둘교회, CIC 등이 병렬로 연결된 연합공동체의 구조입니다. 함께하는교회가 행정본부의 기능을 겸하고 있어서 본부로 생각할 수 있지만, 현재 함께공동체 네트워크는 위계 없이 연결되어 있는 수평적인 구조입니다. 함께공동체의 열린 태도를 지닌 구조라고 말할 수 있습니다.

이제는 유목민처럼 움직이며 맷집을 키워온 '가까운교회'의 이야기를 나누겠습니다. 함께공동체의 4G Gather, Grow, Give, Go가 '가까운교회'의 움직임에 어떻게 반영되었는지 나름대로 구분해 보면서, 개척의 과정과 실천의 내용들, 나름의 평가와 전망을 말씀드리려 합니다.

4G와 가까운교회

1. Gather & Go

① 뮤직브릿지(2011년 11월)

가까운교회는 2011년 11월 첫 주(6일) 서울 홍대 정문 근처에 운영 중인 뮤직브릿지라는 실용음악 학원의 작은 합주실에서 첫 예배를 시작하게 되었습니다. 당시의 교회 이름은 H였어요. H라는 알파벳은 '서로 연결됨', '함께함'의 의미를 담기 위해 김요한 목사님이 제안하신 이름이었습니다.

뮤직브릿지 학원은 주일에만 계약이 되었기 때문에 주중모임이 어려웠습니다. 개척 초기 여러 사람들을 만날 필요가 있어 한동안 수요일 저녁시간에 서울에 있는 6~7명의 청년들과 공유공간을 빌려 성경공부를 시작했습니다. 그중에 지금까지 가까운교회를 다니는 가족도 물론 있습니다. 일명 '시조새'로 불리죠. 그런데 그곳에서 1년을 다 못 채우고 학원주인이 바뀌는 상황이 발생했습니다. 합주실을 더 이상 사용하기 어려운 상황이 되어, 예배처를 옮겨야 했습니다.

② 오피스커피(2012년 8월)

창전동에 위치한 '오피스커피'라는 작은 카페에서 모이기 시작한 시기가 2012년 8월이었습니다. 도로와 인도가 보이는 통창이 멋스러웠던 작은 카페는 지금도 여러 교회 가족들의 마음에 고향처럼 좋은 기억으로 남아 있습니다.

당시엔 저녁 7시에 예배를 드렸습니다. 대전의 사역자들이 오전 모임을 마치고 접근해야 하는 필요와, 오전 예배에 접근이 어려운 예술가들의 생활 방식, 그리고 오전에 다니는 교회가 있으신 분들도 오실 수 있는 상황이 좋은 합을 이루어 자유롭고 편안한 모임으로 진행할 수 있었습니다.

예배 이외의 본격적인 첫 소그룹도 이때부터 시작이 되었습니다. 매주 예배 전에 소그룹을 하고, 근처 작은 식당에서 함께 식사를 하고 예배를 드렸습니다. 길을 지나던 카페 손님이 예배인 줄 모르고 오셨다가 그냥 눌러앉아 예배를 드리고 가시는 일도 종종 있었습니다. 실제 그분이 함께 한동안 출석을 하시기도 했었고요. 편안한 음악과 열린 방식의 모임이 전형적인 예배가 주는 종교적 선입견을 없애주었던 것 같습니다. 작은 모임이었지만 교회 밖으로 시선을 두는 함께공동체의 방향을 잘 간직한 모습이었습니다.

조금씩 인원이 늘고 있었고 새로운 장소가 필요한 시점이 다가왔습니다. 이즈음 H교회라는 이름도 다른 단체와 중복검색이 되는 불편함이 있어, 오해의 소지를 없애기 위해 교회이름을 다시 짓기로 했습니다. 교회가 함께 모여 이름을 추천받고 함께 투표를 했어요. 그렇게 해서 2013년에 새롭게 지어진 이름이 '가까운교회'입니다.

③ 좋은생각(2013년 8월)

조금 더 넓은 장소를 홍대 근처에서 물색하던 중에 《좋은생각》이라는 월간지를 만드는 '좋은생각사람들'의 지하 홀을 찾게 되었습니다. 주일에는 건물이 문을 닫기 때문에, 1층의 스타벅스를 통과해야 하는 약간의 불편함이 있었지만, 감사한 조건으로 그곳에서 모임을 이어갈 수 있었습니다.

교회 출석인원이 늘어가면서 소그룹의 확대가 필요한 시점이 되었고, 그룹을 나누어 새로운 참가자들의 모집을 하기 시작했습니다. 그렇게 그곳에서 잘 지내고 있던 중, 공간을 빌려주셨던 회사의 사정으로, 교회는 다시 오피스커피로 복귀해야 했습니다.

④ 조스테이블(2014년 1월)

오피스커피가 좋았지만, 그동안 늘어난 가족들이 함께 예배할 만한 조금은 더 넓은 공간이 필요했습니다. 마침 그 시기에 극동방송 신사옥이 지어졌고, 2014년 1월부터 방송사 지하의 아트홀에서 예배를 드릴 수 있게 되었습니다. 감사한 상황이었지만, 아트홀이 교회인원에 비해 많이 컸고, 방송사의 음향이나 영상장비를 교회 가족들이 운용하는 데도 어려움이 있었습니다.

그래서 아트홀 옆의 카페 '조스테이블'로 장소를 바꿨습니다. 예배세팅과 카페세팅을 계속 전환해야 하는 번거로움은 있으나, 지금까지 감사하게 이 장소에서 모임을 이어가고 있습니다. 방송사 건물은 편안하고 쾌적한 환경이라는 장점이 있습니다. 그러나 주일에는 문을 닫기 때문에 교회 가족들과 방문객들이 드나들거나, 계획된 여러 가지 행사를 진행하기에 절차가 다소 복잡하고 조심스러운 면이 있습니다.

2. Give

① 섬김과 봉사

'가까운교회'는 오랫동안 지역을 향한 봉사활동의 일환으로 사단법인 와플의 '발가락프로젝트' 공연을 함께 도왔습니다. 이 공연은 수익금 전체를 이웃돕기로 기부하는 공연으로, 50회 진행이 되었습니다. 사실 공연에 참여하는 일 외에 콘서트 자체를 준비하는 일에는 교회의 역할이 크지 않았지만, 공연수익을 가지고 쪽방촌을 찾아 선물과 겨울옷을 나누는 봉사에 열심히 참여했습니다.

최근에는 '가까운교회'와 대학로 극단 '무아지경'의 배우들이 함께 서울역 노숙자를 찾아가 차와 음료, 월동의류 등을 나누기도 했습니다. 그러나 이렇게 교회가 교회의 사역으로 함께 움직이는 가시적 봉사활동보다 더 중요한 것이 가족들의 일상, 주변에 살고 계신 이웃을 찾아 돌보고 사랑하는 일일 것입니다.

소그룹 단위에서 구성원들의 지혜를 모아 봉사할 기회를 찾아보거나, 흩어진 일상에서 이웃을 섬길 수 있는 작고 구체적인 실천을 모색하고 있습니다. 그 일환으로 2023년 하반기에는 '우리의 이웃은 누구인가'라는 주제로 6개의 개별 소그룹이 각각 섬김과 봉사의 자리를 탐색해 보고, 직접 찾아가는 시간을 계획하고 있습니다. 교회가 함께 서로의 섬김과 봉사의 경험을 나누며, 이웃을 사랑하는 구체적인 방법들을 배워가려 합니다.

3. Grow

① 성경학교FBI - Friends Bible Institute

가까운교회의 특징 중 하나는 거의 모든 세대의 분포를 가지고 있다는 점, 그리고 거주지가 밀집된 '지역교회'의 특징이 없다는 점입니다. 장소문제가 해결이 된다고 해도 서울, 경기 지역에 널리 분포되어 있는 교회 가족들이 주중에 모임을 갖기가 어려운 환경이지요. 어린 자녀들을 돌봐야 하는 상황, 그리고 퇴근 이후의 접근거리와 시간이 그렇습니다. 그래서 대부분의 활동을 주일로 모아야 했습니다. 주일이 좀 길어지더라도, 함께하는 시간을 맞추는 게 더 중요했습니다.

교회는 주일 오후 성경학교를 시작했습니다. 이름을 FBI로 붙였습니다. 신·구약 66권의 개관을 공부하는 '숲반'과 한 권 한 권의 책을 공부하는 '나무반'으로 나누어 진행했습니다. 초기에는 소그룹 리더들이 주로 참여를 했는데, 소그룹 리더의 필수코스로 정하고, 말씀의 기초를 놓는 일에 중점을 두었기 때문입니다.

작은 교회의 교육과정이지만 내실 있는 과정이 되도록 진행했습니다. 코로나19 이후에는 여러 가지 교회의 변화에 맞추어 숲반, 나무반 대신 '가까운 북클럽'으로 진행하고 있지만, 상황이 정비되는 대로 성경학교 커리큘럼으로 진행할 예정입니다.

② 소그룹

'가까운교회'는 소그룹이 중요한 교회입니다. 교회의 시작에서부터 소그룹을 통한 교제와 나눔이 기초가 되어 출발했습니다. 오후 예배를 드릴 때는 예배 전에 모였고, 오전 예배로 전환한 이후에는 예배 후 모임을 갖습니다. 소그룹은 작은 단위에서 긴밀하게 소통하면서 교회 가족의 안부와 기도제목들을 알 수 있는 통로이기도 하고, 배우고 들은 말씀들을 일상으로 가져가도록 돕는 토론과 적용의 통로가 되어 주었습니다.

소그룹의 장점을 살려 모임을 진행해 오면서도, 늘 주의했던 것은 소그룹이 자칫하면 끼리끼리 문화를 만들어내는 통로가 될 수 있다는 점이었습니다. 대체적으로 교회들이 소그룹을 통해 안정감을 얻기는 하지만, 시간이 지날수록 고착화되어가는 좁은 관계를 깨뜨리지 못하게 됩니다. 결국 아무리 큰 교회를 다녀도, 아무리 열린 교회를 다녀도 처음 맺어진 작은 관계 안에 머물며, 늘 만나는 사람, 대화하는 사람과만 소통하는 모습을 가지기 쉽습니다.

그래서 '가까운교회'는 소그룹의 구성에 지속적인 변화가 가능하도록 실험해왔습니다. 처음에는 일정기간(4~6개월)이 지나면, 그 그룹에 익숙해진 한두 분을 다른 소그룹으로 옮기도록 했습니다. 그리고 성경학교 FBI의 '나무반'을 소그룹의 하나로 구성하여, 로테이션의 과정에서 자연스럽게 양육과 성장의 기회를 가질 수 있도록 구성해보기도 했습니다. 이런 방식에 어느 정도 적응이 되기도 했지만, 인원이 순환하는 과정에서 쉽지 않은 상황들도 있었습니다. 그래서 계속 대안적인 방식을 고민하게 되었습니다.

포스트코로나 시기를 지나면서 한동안은 리더를 제외한 소그룹 신청자 전원을 제비뽑기로 구성했습니다. 대화가 잘 통할 만한 연령이나, 분위기와 상관없이 무작위로 구성되다 보니 초기에는 어려움을 느낀 분들이 있었지만, 마무리되는 시점에서는 이런 구성의 장점을 느끼신 분들도 많이 있으셨습니다. '이런 방식 아니면 저분과 어떻게 대화할 수 있었겠는가?' 하는 내용이었습니다. 그러나 이런 제비뽑기 방식은 소그룹 구성의 기본이 될 수는 없기 때문에, 최근에는 대화가 잘 통할 만한 연령을 기준으로 다시 편성하여 진행하고 있습니다.

그러나 교회의 열린 태도를 언제든 유지할 수 있도록, '열린 소그룹'이라는 이름으로 전체를 대상으로 제비뽑기를 해서 소그룹과 리더를 정하는 방식의 모임을 1년에 한두 달 정도 실험해보고 있습니다. 열린 소모임은 기존의 소그룹이 가지는 단점을 보완하며, 다양한 교회 가족을 만나서, 서로를 알아가는 좋은 기회가 되고 있습니다.

최근에는 소그룹의 변화를 리더십에 주기도 했습니다. 새로운 리더들을 세워 변화와 안정감을 모두 가져가 보려는 시도입니다. 소그룹 리더는 누구나 할 수 있는 섬김의 역할임을 분명히 하기 위해 한동안 '가까운교회'는 소그룹 리더들이 앞치마를 두

르고 예배에 임하기도 했습니다. 함께공동체의 교회 밖을 향한 시선을 공유하며 이런저런 방식으로 '가까운교회'의 소그룹 실험은 계속 이어지고 있습니다.

돌아보기와 바라보기

1. 돌아보기 - 방향성, 공간, 구성원

'가까운교회'는 홍대 지역의 아티스트들과 호흡을 하기 위한 지역적, 시간적 포석이 있었던 것이 사실입니다. 그러나 시간이 지난 지금, 교회를 살펴보면 여러 음악가, 미술가, 연극배우 등 예술가들의 참여뿐만 아니라, 어린 자녀를 둔 가정, 청년들과 장년들의 참여가 많다는 사실을 알게 됩니다.

교회는 어떤 부류의 사람들만을 선택적으로 받아들이는 몸이 아니기 때문에, 나름의 특색과 방향성을 가지되 누구든지 품을 수 있는 보편적인 교회로의 모습도 함께 지니고 있어야 함을 확인하게 됩니다. 적은 인원이지만 다양한 필요가 있는 교회의 현실 안에서 당면한 필요들에 지혜롭고 유연하게 대처하고 준비하는 일은 늘 어렵지만 중요합니다.

'가까운교회'의 인원구성을 보면 많은 분들이 '함께하는교회'를 경험하신 분들임을 확인할 수 있습니다. 어디를 가든 네트워크 교회가 있다는 것은 공동체가 가지는 장점이기도 하지만, 단점이 될 수도 있음을 생각하면 좋겠습니다. '가까운교회'가 처음이거나 관심을 가지고 방문하는 분들이 이미 조성되어 있는 어떤 분위기로 인해 이방인의 감정을 느낄 수도 있기 때문입니다. 우리 공동체가 밖을 향한 시선을 가지고 있다면, 이런 종류의 익숙함과 경험은 공동체 안에서 지혜롭고 겸손하게 쓰여야 한다고 생각합니다. 언제나 낯선 이웃을 배려하는 태도가 필요하겠지요.

'가까운교회' 가족들이 함께 즐거워해주셨던 포트럭파티의 교제, 스태프 모임, 리더 모임, 리트릿과 소풍들에 대한 이야기들까지 모두 자세히 언급할 수는 없지만, 그동안 함께 대화하고 기도하며 지내온 사귐의 시간들이 지금의 '가까운교회'를 만들어놓았다고 말할 수 있습니다.

돌아보면 '가까운교회'가 지난 시간동안 나름의 방향과 계획을 가지고 있었지만, 그대로 진행되지는 않았던 것 같습니다. 우리의 뜻대로 진행되었다 하더라도 과연 그것이 성공한 교회의 모습이었을까 질문도 가지게 됩니다.

2. 바라보기 - 소망

  한 가지 분명한 사실은 '가까운교회'는 하나님이 세우신 교회라는 점입니다. '가까운교회'는 하나님 앞에 겸손히, 지금의 상황을 이해하고, 이곳에 교회를 세우신 의미를 돌아보며, 하나님과 이웃에게로 더 가까워지는 교회의 모습을 소망하고 있습니다.

선교적으로 나아가는
네트워크 교회를 향하여

용인에서의 첫 번째 실험이 실패한 후, 함께하는교회가 추구하는 멀티사이트의 모습은 무엇인지에 대해 고민하는 시간을 가지게 되었습니다. 당시에는 아직 많이 알려지지 않았지만, 10여 년이 지난 지금에 와서 생각해보니, 아마도 함께하는교회의 멀티사이트 개념에 가장 근접한 모델은 최근 많이 논의되는 선교적 교회Missional Church인 것 같습니다.

일반적인 지역교회가 예배, 교육, 전도, 봉사, 친교라는 교회의 다섯 가지 사명을 균형 있게 추구하는 데 비해, 선교적 교회는 각 교회별로 특정한 선교적 사명을 가지고 특정한 분야에 집중하는 모델입니다. 함께공동체의 네트워크 교회는—물론 보리떡교회의 경우 비교적 지역교회Local Church에 가깝기는 하지만— 외국인, 청소년, 청년, 가나안 성도들 등 다양한 계층을 향한 선교적 지향점을 가진 선교적 교회입니다.

선교적 네트워크 교회를 향한 함께공동체의 비전은 아직 도전 중입니다. 단순히 교회를 세워 어느 정도의 인원이 모이는 것이 목표가 아니라, 각 교회마다 하나님께서 주신 선교적 비전을 이루는 것이 목표이기 때문에 이 도전은 앞으로도 계속될 것입니다.

'나아가는교회'의 장을 마무리하며 지금 현재 함께하는교회의 네트워크 사역이 가진 어려움들을 솔직하게 정리해보았습니다.

첫 번째 어려움,
지역교회와 선교적 교회 사이에서

우선 첫 번째는 각 네트워크 교회가 본래의 목적인 선교적 교회로서의 모습보다는 일반적인 지역교회와 비슷한 모습이 되어가는 부분이 있습니다. 일반적인 교회의 모습을 결코 나쁘다고 하는 것이 아닙니다. 다만, 일반적인 교회가 가지는 모든 기능을 다 하려다 보니, 본래의 목적인 선교적 지향점이 약화되는 현상을 경험하게 됩니다.

하나님으로부터 멀리 있는 사람보다는 이미 하나님 안에 있는 기독교인들이 수평이동 해오는 경우가 더 많아지고, 네트워크 교회들이 점차 멀리 있는 사람을 향한 사역보다는 교회 안에 있는 사람을 위한 사역에 중점을 두어야 하는지 고민하게 되었습니다.

이렇듯 하나님으로부터 멀리 있는 이들이 아닌 이미 다른 교회에 출석하던 기독교인들이 함께공동체의 네트워크 교회로 수평이동 해오는 경우가 많아진 데에는 크게 두 가지 이유가 있습니다.

첫 번째 이유는 '멀리 있는 사람'을 지향하는 사역을 하지만 실제 사역의 대상은 '찾아온 사람'이 될 수밖에 없는 열린예배 중심의 사역방법이 가진 태생적 한계라고 할 수 있습니다. 직접 찾아가는 사역이 아니라 교회를 찾아오는 사람을 대상으로 준비하는데, 교회를 찾아오는 사람은 대부분 기존 교회를 다니던 사람들이기 때문입니다. 이런 분들의 경우, 기존 교회에서 상처를 받거나 불편했던 부분들이 여기에선 다르기 때문에 좋아서 정착했지만, 각자가 자기가 생각한 부분 외에 다른 부분에 대해서는 그전에 있던 교회의 모습을 원합니다.

 두 번째 이유는 네트워크 교회의 상황상 적극적으로 외부를 향해 나아가는 사역을 하기 어렵고, 반대로 외부에서 사람이 찾아오기도 어렵다는 점입니다. 교회에 사람이 모인다는 것은 사람이 교회를 찾아오거나, 교회가 사람을 찾아가는 두 가지 방향이 있습니다. 함께하는교회의 경우 열린예배 외에도 봉사활동들이나 바자회, 지역사회참여팀 등 교회 밖에 있는 이들을 향해 찾아가는 사역들이 있습니다. 그런데 네트워크 교회들의 경우 찾아가는 사역을 하기에는 인적 물적 자원의 한계가 있습니다.
 또한 네트워크 교회는 찾아오는 경우도 드뭅니다. 건물이 존재하지 않으며, 대외적인 홍보 채널도 많지 않습니다. 그래서 대부분의 네트워크 교회 성도들은 보리떡교회나 링크처치 같이 그 해당하는 교회를 먼저 알고 찾아오는 경우보다는 함께하는교회를 통해서 네트워크 교회의 존재를 알게 되어 찾아오거나, 혹은 극동방송의 설교를 듣고 찾아오는 경우가 많습니다. 그리고 그 두 가지 경우 모두 기성교회에 익숙한 사람일 가능성이 높습니다.

선교적 지향점을 유지하기 위해 : 더 적극적으로 찾아가는 교회

앞서 말한 대로 교회에는 사람이 찾아오기도 하고, 교회가 사람을 찾아가기도 합니다. 선교적 교회는 교회가 '하나님으로부터 가장 멀리 있는 사람'을 찾아가는 방향의 사역을 지향하는 교회입니다.

물론 사람들이 찾아오도록 온·오프라인의 홍보가 필요할 수도 있습니다. 누군가는 하나님을 잘 모르지만 문화적으로 접근하는 열린예배를 통해 하나님을 경험해보기 원하는 이들이 있을 수도 있고, 또 누군가는 하나님이 궁금하지만 수직적인 교회 문화가 불편하여 수평적인 신앙 공동체가 필요한 사람이 있을 수 있습니다. 그런 사람들이 찾아올 수 있도록 여기 그런 교회가 있다고 알리는 것도 필요할 수 있습니다.

그러나 더 필요한 것은 교회가 멀리 있는 사람들을 찾아가는 일입니다. 교회의 공간에서 열린예배를 할 뿐 아니라 우리가 직접 교회 공간에 있지 않은 누군가를 찾아가야 합니다. 함께공동체의 네트워크 교회들은 각 교회별로 미션이 있습니다. 목적지를 명확히 세팅해야 내비게이션이 길을 찾을 수 있듯이 청년들, 청소년들, 외국인, 도시의 가나안 성도들을 향해 더 적극적으로 나아가고 찾아가는 사역을 함으로써 선교적 네트워크 교회로서

의 본질적인 목표를 잃어버리지 않을 수 있을 것입니다.

두 번째 어려움, 재정적인 한계점

용인함께하는교회의 사례로부터 배운 것처럼 네트워크 교회의 설립과 운영에는 많은 재정적 부담이 있습니다. 용인에서의 실패 이후 홍대 '가까운교회'부터는 비교적 재정 부담이 적은 방향으로 네트워크 교회를 디자인했습니다. 교회의 재정 부담에서 가장 큰 부분은 인력과 공간인데, 함께공동체의 네트워크 교회들은 인력을 함께하는교회와 많은 부분 공유하고 공간을 주말에만 대관하는 방식으로 디자인하여 재정 부담을 줄이면서 사역에 집중하고자 했습니다. 그럼에도 불구하고 네트워크 교회의 형태를 10여 년 지속한 지금, 함께공동체의 네트워크 교회 사역이 직면한 문제 중 하나는 바로 재정적인 한계점입니다.

네트워크 교회의 구조가 재정에 부담을 주는 첫 번째 이유는 인력 운영의 어려움 때문입니다. 정확한 비교라고 할 수는 없지만 쉽게 생각해 볼 수 있는 방법이 있습니다. 성인 성도가 500

명, 청소년 50명, 초등학생 50명이 있는 교회에서 필요한 목회자의 수를 생각한다면, 성인을 위해 사역하는 목회자가 2~3명 정도, 청소년부서 1명, 초등부서 1명으로 상상해볼 수 있습니다.

그런데 이 교회를 5개로 나누어서 성인성도 100명, 청소년 10명, 초등학생 10명이 있는 다섯 개의 교회가 있다고 상상해봅시다. 그러면 필요한 목회자의 수는 각 교회별로 성인을 위해 1명, 청소년을 위해 1명, 초등학생을 위해 1명이 필요해집니다. 다섯 개 교회를 합치면 총 15명의 목회자가 필요합니다. 전체 인원이 같음에도 불구하고 하나의 교회에 모여 있는 경우는 5~6명으로 충분한 필요 인력이 네트워크의 형식으로는 15명으로 늘어나는 것입니다.

함께공동체는 이 문제를 해결하기 위해 가능한 부분에서 최대한 인력을 공유하는 방식으로 사역해왔습니다. 교회별로 모이는 시간을 달리한다면 한 사람이 동시에 두 교회에서 사역할 수 있기도 합니다. 그러나 대부분의 경우 일요일 오전시간이 대다수의 사람들에게 모이기에 편한 시간이고, 교회의 모임에 가장 유리하기 때문에 결국 많은 스태프가 필요하게 되었습니다.

재정 문제가 야기되는 두 번째 이유는 공간을 마련하기 위한 비용이 늘어났기 때문입니다. 그간 함께공동체의 교회들은 공간을 주말에만 대관하는 방식으로 사용해왔습니다. 그런데 여기에 두 가지 어려움이 발생했습니다.

대관해서 사용하던 공간들의 사정으로 인해 대관을 이어갈 수 없게 되었습니다. 특히 코로나 이후 외부단체, 특히 종교단체에 대관을 해주는 곳을 찾기가 어려워졌습니다. 구체적으로 함께공동체의 경우 보리떡교회가 대관하여 예배를 드리던 학교에서 코로나가 끝났음에도 더 이상 외부단체에 대관이 어렵다는 통보를 받았습니다.

물론 학교에 매월 대관료를 내고 있었지만, 성인 200명과 아이들까지 있는 규모의 교회가 필요한 공간을 찾으려면 더 많은 비용이 필요한 상황입니다. 서울에서 개척한 하나둘교회의 경우 공간대여를 전문으로 하는 아트홀들을 빌렸지만, 역시 코로나 이후 교회에 정기적으로 대관하는 일을 꺼려하는 경우가 많아 장소를 찾기 어려웠습니다. 특히 하나둘교회는 개척 후 바로 코로나를 겪었기에, 3년 동안 6군데나 장소를 옮겨 다녀야 했습니다.

또 한 가지 어려움은 일요일 오전, 그것도 성인예배 중심으로만 공간이 있다 보니 교회 공동체의 활동에 제약이 있었다는 점입니다. 소그룹 모임을 하기에 적당한 공간이 부족하거나, 어린이와 청소년을 위한 예배공간이 부족하다는 문제가 제기되었습니다. 또 주중 평일에 모임을 할 장소가 없다는 점도 불편한 일이었습니다.

사실 함께공동체의 교회들은 교회 안으로 모이기보다는 교회 밖으로 흩어지는 교회가 되기 원했기에 교회의 공간이 필요한 일들이 다른 교회에 비해 비교적 적었습니다. 처음 개척부터 지금까지 대부분의 함께공동체 네트워크 교회들은 주일 오전예배만 모임을 가지고 주일 저녁이나 평일에는 모임이 없습니다. 이것은 공간의 문제이기 이전에 선교적 지향점을 가진 네트워크 교회의 자연스러운 모습일 수 있습니다.

그러나 각 네트워크 교회가 가진 선교적 목표를 목회자들만 공유하는 것이 아니라 각 교회의 가족들과 공유하기 위해서는 역설적으로 교회 안에 공동체적인 만남이 필요하기도 합니다. 즉, 교회 밖으로 흩어지기 위해서 교회 안으로 모이는 일이 있어야 합니다. 우리끼리 모이기 위한 관계 맺음이 아니라 함께 밖으로 나가기 위한 관계 맺음이 필요합니다.

교회 규모가 작을 때에는 그렇게 일부러 만나고 관계 맺는 일을 하지 않아도 자연스럽게 공동체의 가치관이 목회자들과 교회 가족들 사이에 공유되고 흘러갔지만, 공동체의 규모가 커지면서 함께공동체의 가치관이 교회 가족들에게는 전달되지 않은, 목회자들의 미션이 된 것 같기도 합니다. 이런 부분이 눈에 들어온 분들은 평일에도 모임을 가질 수 있는 공간적 구심점의 필요성을 제기했습니다.

함께공동체의 네트워크 교회들 중에 일부는 계속 일요일 오전에만 대관해서 사용하는 방식을 유지할 수도 있겠지만, 대부분의 교회들은 새로운 공간이 필요해졌습니다. 위에 말한 대로, 외부적으로는 대관을 해주던 곳에서 더 이상 대관이 어렵다고 하고, 내부적으로는 주중 평일에도 모일 수 있는 공간에 대한 요구가 제기되고 있습니다. 이미 하나둘교회와 링크처치는 상가 임대를 통해 독립된 공간을 확보하였고, 학교로부터 대관이 어렵다는 것을 통보받은 보리떡교회도 새로운 공간을 찾아봐야 하는 상황입니다.

일요일 오전에만 대관하던 방식에서 월세를 내고 임대하는 방식으로 전환하는 순간 공간에 할애되는 비용이 급격하게 증가되었습니다. 더군다나 그것이 한군데에서 일어난 일이 아니라 여러 장소에서 동시에 일어났습니다.

한국교회에서 보통의 멀티사이트 교회(지교회)들은 처음 시작한 교회가 공간 비용이 상대적으로 높은 도심에 있고, 지교회를 지대가 저렴한 지역에 세우기에 본부의 확장에 오히려 비용적으로 유리한 구조인 경우가 더 많습니다. 그러나 함께공동체는 지리적으로 반대의 방향성을 지니고 있기에 함께공동체의 네트워크 교회로의 도전에는 재정 문제도 큰 걸림돌이 되고 있습니다.

재정의 한계를 극복하기 위해 : 함께 나아가는 교회

앞서 이야기한 대로 교회의 재정 문제에서 가장 많은 비중을 차지하는 부분은 인력과 공간입니다. 특히 네트워크 교회의 구조는 인력과 공간에서 더 많은 비용이 들기 때문에 네트워크 교회의 사역을 지속가능하게 모델링하기 위해서는 인력과 공간의 문제에 대한 대안을 반드시 마련해야 합니다.

교회 사역뿐 아니라 어떤 일을 하든 인력 운영의 대안은 논리적으로 두 가지 방향이 가능합니다. 일을 하는데 사람의 수가 부족하다면 사람의 수를 늘리거나, 일을 줄이는 방법이 있습니다. 불필요한 일을 최대한 줄임으로써 필요한 일에 집중할 수 있게 하고, 필요한 일을 위해서는 사람을 늘려야 합니다.

그런데 교회의 경우에는 일반적인 조직과 달리 이러한 접근에 또 한 가지 생각해볼 부분이 있습니다. 교회에서 일하는 사람은 사례비를 받는 목회자나 전문 사역자만이 아니라는 점입니다. 즉, 교회는 사역을 구분할 때 필요한 일과 필요하지 않은 일의 구분보다는, 전문 사역자가 해야 할 필요한 일과 전문 사역자가 하지 않더라도 필요한 일, 그리고 필요하지 않은 일로 구분할 수 있습니다. 마찬가지로 사람을 늘리는 부분에 있어서도 목회자나 전문 사역자가 필요한 일이라면 재정적인 부담이 있더라도 전문 사역자를 늘려야 하지만, 그렇지 않고 교회 가족들의 헌신이 필요한 일은 자발적인 봉사자들의 헌신으로 세워지는 것이 교회입니다.

함께공동체뿐 아니라 많은 현대교회들의 경우 점차 자발적 봉사자들의 숫자가 줄어들고 목회자와 전문 사역자들의 비중이 늘어나고 있습니다. 개개인의 삶이 더 바쁘고 팍팍해지기 때문이기도 하고, 그 동안 교회에서 지나치게 많은 봉사를 강요했던 것에 대한 반작용일 수도 있습니다.

그러다 보니 교회에서 무급으로 봉사하는 것을 것을 '열정페이'라고 부정적으로 인식하는 이들도 있습니다. 이런 것들은 분명 충분히 이해할 수 있는 일입니다. 교회는 봉사를 강요하는 곳

이어서는 안 됩니다. 봉사는 하나님께 받은 은혜로 인해 기쁘고 자발적으로 하는 일이어야 합니다. 그러나 그럼에도 봉사는 신앙 생활의 중요한 요소입니다.

성경은 목회자들의 역할을 성도들이 선한 일을 할 수 있도록 '준비시키는'(딛 3:1) 일이라고 말씀합니다. 목회자들은 교회 가족들과 관계를 맺으며 그들에게 성경을 알려주고 그들이 기쁜 마음으로 함께 교회를 세워가고 세상으로 나아가는 일에 참여하게 하는 촉매의 역할을 해야 합니다. 그리고 교회 가족들은 함께 '하나님으로부터 멀리 있는 사람들'을 향해 나아가야 합니다. 그렇게 자발적 봉사자들이 늘어날 때 재정 문제의 대안이 될 뿐 아니라 더 건강하고, 더 나아가는교회가 될 수 있을 것입니다.

공간의 문제는 재정적으로 여전히 어려운 문제입니다. 일요일 대관이 가능한 공간이 있다면 더 찾아야 하겠지만, 어쩔 수 없이 대관을 할 수 없는 상황이라면 결국 네트워크 교회의 구조를 유지하기 위해 어느 정도의 비용을 감수할 수밖에 없습니다. 그러나 공간으로 인한 비용을 최대한 줄이기 위해 필요한 마음가짐이 있습니다. 교회의 운영에 있어서 공간은 분명 중요한 요소이기는 하지만, 교회의 구심점은 공간이 아니라 사람이라는 점입니다.

교회는 예수님을 믿는 사람들의 모임이지, 예수님을 믿는 사람들이 모이는 장소가 아닙니다. 이것은 얼핏 추상적으로 들립니다. 교회의 구심점은 예수님인데, 왜 공간이니 사람이니 하는가 하는 생각이 들 수도 있습니다. 당연히 교회의 구심점은 예수님입니다. 지금 이야기하는 것은 사람들이 모일 때 어디에 모이는가의 문제입니다. 사람들은 공간에 모입니다. 바꿔 말하면, 모일 공간이 있으면 사람들은 특별히 애쓰지 않고도 모일 수 있습니다. 그러니까 '예수님을 믿는 사람들이 모이는 장소'가 있어야 사람들이 모일 수 있다고 생각하기 쉽습니다.

그러나 장소가 특정되지 않더라도 사람들은 모일 수 있습니다. 예수님을 믿는 사람들이 모일 수 있도록 모임의 중심을 잡아 줄 사람이 있다면 특정한 공간적 구심점이 없더라도 모임이 이뤄집니다. 일요일만 대관하는 방식으로 빌릴 수 있는 공간이 있다면 그것도 좋고, 혹은 대관할 수 있는 공간이 없어 평일에도 쓸 수 있는 공간을 임대하더라도 꼭 큰 공간, 멋진 공간을 마련하기 위해 높은 비용을 지출할 필요는 없다는 것입니다. 어떻게 보면 많은 한국 교회들이 공간 마련의 비용에 많은 지출을 한 것은 역설적으로 모임의 구심점 역할을 사람이 하지 않고 공간이 해왔기 때문이 아닌지 반성해볼 일입니다.

함께공동체의 한 교회, 보리떡교회에 대한 이야기

● **안광호** 보리떡교회 새가족리더

보리떡교회의 첫 예배가 2013년 9월 1일 용산동의 대전 국제외국인학교 내 강당에서 있었습니다. 2023년이 교회 창립 10주년을 맞이했던 해입니다. 지난 10년을 뒤돌아보니 많은 생각들이 올라오고 있습니다. 보리떡교회의 과거와 현재와 그리고 미래에 대한 여러 가지 생각들이 서로 얽혀 있어 복잡하고 심란하지만 한 테마씩 나눠보면 정리가 될 듯합니다.

분명한 것은 이 나눔들이 지극히 저의 개인적인 생각임을 밝히며, 10년간 보리떡교회의 현장에서 있었던 일들과 저의 생각을 저의 신앙관과 교회관으로 나누는 것이기에 참고해주시면 감사하겠습니다.

교회가 교회를 낳아야 한다

　함께하는교회 예배 시간에 김요한 목사님께서 새로이 세울 교회에 대한 설명회를 하신다고 하셔서 예배 후 아내와 함께 설명회를 듣고, 집으로 돌아와 새로운 교회에 대한 마음을 나누며 기도하기 시작했습니다. 목사님의 여러 말씀 중 "이제는 교회가 교회를 낳아야 한다."라는 말씀이 계속 우리의 마음과 머리에 남아 있게 되었습니다.

　함께하는교회에 출석한 지도, 덕명동 함께하는교회에서 예배를 드리기 시작한 지도 그리 오래되지 않은 시기에, 새로운 교회에 대한 마음을 갖게 되었습니다. 최종적으로 새롭게 탄생하게 된 보리떡교회를 섬기기로 아내와 결정하며, 부푼 마음으로 첫 예배에 참석하게 되었습니다. 여러 가지로 열악한 환경(?)이지만, 처음부터 시작한다는 그 감격은 아직까지 생생합니다.

　지금에 와서 생각해보면, 많은 준비 없이 시작한 것은 아닌가 하는 생각이 듭니다. 교회를 세우는데, 많은 기도와 처음에 같이 섬기는 사역자와 성도들 간의 친밀한 교제의 시간도 없었습니다. 특별히 처음에 교회를 섬기시는 전도사도 그리 오래 있지 못하고, 본인의 목사안수를 위해 보리떡 교회를 사임하게 되었습니다.

신생교회에 있어, 가장 중요한 부분이 한마음 즉, 결속력이라는 생각이 드는데, 초기에서부터 불안정한 상태가 되었습니다. 보리떡교회의 담당 사역자에 대한 문제점들은 10년이 지난 시간 동안 많은 부분에 있어 존재하였습니다. 지교회를 세우기 위해서는 모교회에서 가장 열정적인, 헌신적인 사역자가 파송되어야 한다는 생각이 있습니다.

공동체성에 대해

교회에 있어 중요한 부분 중의 하나가 성도들이 함께 지향하는 비전과 공동체성이라 생각합니다. 열방의 모든 교회가 코로나 팬데믹을 지나가면서 함께 예배를 드리지 못함으로 개인적으로 영상을 통해 드리는 예배밖에 할 수 없었습니다. 또한 코로나 팬데믹으로 인해 소그룹 활동도 할 수 없는 상황이었습니다.

이러한 상황에서 교회가 대처한 방안은 어떤 것들이 있

었을까요? 1년 동안은 소그룹 활동에 대해 아무것도 하지 않았습니다. 개인적으로 가끔 소그룹원들에게 안부전화 이외에 할 수 있는 것이 없었습니다. 이러한 상황에 대해 교회가 발 빠르게 움직이지 않은 이유가 무엇이었는지에 대해서도 설명이 없었습니다. '이제는 말해주시겠지.' 하며 기다리다가 1년을 그냥 보내게 되었습니다. 교회도 이런 상황이 처음이라 많이 당황되었고, 여러 가지 방법에 대해 고민도 많았을 것입니다. 그러나 그 어떤 해결방안이나 설명이 성도들에게 없었습니다.

   다른 교회에서는 줌을 통한 소그룹 모임을 코로나가 시작되면서 바로 시작해서 지금까지도 소그룹 모임이 지속적으로 유지되고 있는데, 보리떡교회뿐만 아니라, 함께하는교회의 소그룹 모임의 활성화가 어려운 상황입니다. 보리떡교회의 소그룹 리더들도 의욕을 잃고 소그룹 모임은 단지 소수의 소그룹만 이어지고 있는데도 이에 대한 활성화를 위한 어떠한 시도도 보이지 않고 있는 실정입니다. 할 수 있는 길이 있고, 같이 고민해서 일어날 수 있는데도 그냥 방치하고 있는 모습에 답답함을 금할 길이 없습니다.

보리떡교회에서 어떤 사역을 하게 될 때 소그룹별로 하게 되는데,
소그룹에 소속되어 있지 않은 성도들을 어떻게 하면 섬김의 자리에서
섬김으로써, 섬김의 기쁨을 나눌 수 있을까 하는 생각을 많이 하게 됩니다.
조금 더 공동체성과 성도의 하나됨을 위해서
소그룹의 활성화를 이루어 나아가야 합니다.

코로나 팬데믹으로 인해 예배 처소였던 대전 국제외국인학교 강당에서 예배를 드리지 못하고 1년 정도는 영상예배로, 그 이후 2년간은 여기저기 장소가 없어 카페를 대관해서 예배를 드리다 보니, 성도들이 그 기간 동안 다른 교회로의 이동이 있었고, 카페에서 성인예배를 드리다 보니, 교육부서 예배가 많이 어려워졌습니다. 그래서, 몇몇 가정은 타 교회로 이동뿐만 아니라, 시설과 환경이 좋은 함께하는교회로 성도들의 이동이 발생하게 되었습니다.

코로나 엔데믹 시대가 되었지만, 아직도 코로나의 위험은 여전히 존재합니다. 코로나와 더불어 사는 시대가 된 것입니다. 이 환경은 변하지 않을 것입니다. 이에 대한 교회의 공동체성을 다시 세우는 연구와 실천방안이 마련되어야 코로나 이전의 시대로 돌아갈 수 있을 것입니다.

앞으로 1년 후에는 보리떡교회는 예배처소를 잃게 됩니다. 더 이상 대전 국제외국인학교에서 예배를 드릴 수 없게 된 것입니다. 지금부터, 예배처소와 교육기관이 있을 공간에 대한 실질적인 논의와 준비가 필요합니다. 더 이상 공동체성이 흩어지는 일이 일어나서는 안 될 것입니다.

점심 나눔과 자장면 데이

보리떡교회의 여건상 예배와 소그룹 모임 이외의 다른 사역을 할 수 없기에(보리방 있기 전), 어떻게 하면 성도들이 소그룹 모임을 떠나 다른 성도들을 자연스럽게 만나서 교제를 나눌 수 있을까 하는 생각에 예배 후에 점심을 같이 하는 사역을 진행하였습니다. 소그룹별로 자율적으로 메뉴를 정하고, 테이블 세팅, 배식 봉사와 식사 후 정리까지 하였는데, 성도들을 섬기면서, 소그룹원들과 더욱 더 원팀이 되어가고, 섬기는 기쁨을 경험하게 되었습니다. 이러한 사역이 보리떡교회 정도의 사이즈가 되니 가능하였던 것 같습니다.

어느 해 추수감사절에는 소그룹 별로 장기자랑(공연)도 하고, 전 성도가 외부팀이 와서 자장면을 먹는 자장면 데이를 하였는데, 자장면을 먹기 위해 한 줄로 길게 서 있는 성도들을 보니 왠지 기분이 좋았습니다. 그날도 테이블을 나르고 정리한 소그룹은 우리 소그룹이었습니다.

보리떡교회에서 어떤 사역을 하게 될 때 소그룹별로 하게 되는데, 소그룹에 소속되어 있지 않은 성도들을 어떻게 하면 섬김의 자리에서 섬김으로써, 섬김의 기쁨을 나눌 수 있을까 하는 생각을 많이 하게 됩니다. 조금 더 공동체성과 성도의 하나됨을 위해서 소그룹의 활성화를 이루어 나아가야 합니다.

교회가 교회다워야(기본은 갖추고 있어야)

요즈음 젊은 부부들은 자녀들을 생각할 때 좋고 최상의 것을 주려 합니다. 그런데 보리떡교회가 카페에서 예배드릴 때, 교육기관의 예배 장소가 너무나 열악하기에 교회를 옮긴 경우들이 있어 마음이 아팠습니다. 그런데도 불구하고 그런 환경을 개선하려는 움직임이 크게 있지 않았습니다. 이런 부분에 대해 더욱 관심을 갖고 준비해야 합니다.

기본적인 시설과 환경은 갖추고 공동체를 준비해야 전도도 되고, 공동체성을 이루어갈 수 있습니다. 그러기에 앞으로의 보리떡교회에 대한 청사진과 예배 공간에 대한 준비가 교회의 시각이 아니라 성도들의 시각으로 다각적인 면에서 이루어져야 합니다.

보리떡교회의 지금까지 10년과
앞으로의 10년 후는?

 보리떡교회가 처음에 20여 명으로 시작되어, 코로나 전에는 250여 명, 그리고 코로나 엔데믹인 지금에 와서는 150여 명이 전체 성도입니다. 교회의 현재 모습을 숫자로 평가하는 것은 아니지만, 참고는 할 수 있을 것 같습니다. 현재는 주일예배와 수요 성경공부, 소그룹 모임 정도의 사역이 있는데, 좀 더 다양한 사역이 일어났으면 합니다. '좋은 삶Good Life'를 추구하는 것이 아니라 '영생Eternal Life'을 추구하고자 하는 사역들이 일어났으면 하는 개인적인 소망입니다.
 보리떡교회가 추구하는 비전과 방향성을 가지고, 현재 이 지역에서 지역민들을 섬겨야 할지에 대한 것을 다시 한번 점검하고 세워 나갔으면 합니다. 앞으로의 10년을 위한 준비가 필요합니다. 함께공동체가 가지고 있는 장점들이 아주 많습니다. 이 장점들을 살리고, 단점들은 고쳐 나가는 사역의 방향성에 대한 제시가 필요합니다.
 그렇게 하기 위해서는 먼저, 사역자들의 준비가 필요하

며, 평신도 리더십을 위한 훈련이 필요합니다. 교회에서 여러 사역(결혼예비학교, 선교팀 사역, 파더 와이즈 사역)을 할 때마다 준비된 평신도 리더들이 없음에 어려움이 많습니다. 교회 안에는 조금만 다듬어지고 훈련받으면 잘 감당할 평신도들이 있습니다. 이런 분들에 대한 교회에서의 관찰과 관심과 훈련이 이루어진다면 좀 더 내실을 추구할 수 있으리라 생각합니다.

이러한 준비함과 관심이 없으면, 앞으로의 10년 후는 어떨지 상상이 안 됩니다. 시간은 멈추지 않고 기다려주지 않습니다. 교회의 좋은 비전을 위해서는 이 비전을 이루기 위한 방법들을 더욱 연구, 개발해야 합니다. 성도들을 훈련하기 위한 다양한 방법들이 모색되어야 합니다.

낳기만 해서는 안 되고
자립할 정도까지의 돌봄이 필요하다

보리떡교회를 위한 설명회에서 말씀하셨던 "교회가 교회를 낳아야 한다."라는 말씀이 그때는 큰 감동이었지만,

10여 년 동안 보리떡교회에서 직접적인 섬김을 통해 보니 많은 고민과 갈등과 기도의 연속의 시간이었습니다. '교회가 교회를 낳기만 해서는 안 된다. 교회가 자립할 정도까지 지속적인 돌봄이 필요하다.'라는 생각에 머물게 됩니다.

각각의 교회의 공동체성은 유지되고 있는 것 같지만, 같은 지역에 있는 함께공동체인 함께하는교회와 보리떡교회 간의 공동체성은 있을까요? 이에 대한 대답은 "없다"입니다. 이는 함께공동체에게 주어진 숙제입니다. 모교회와 지교회의 관계성을 어느 정도까지 생각하느냐에 달려있는 것 같습니다. 지교회를 독립적이고, 자생하는 교회로 유지할 것인지, 아니면 단지 형식적으로만 네트워크적 교회로 인지할 것인지 이에 대한 부분도 명확하게 짚고 가는 것도 서로를 위해 바람직할 것 같습니다.

제 생각엔 현재는 설교자만 공유하는 형식적인 성격이 더 강한 것 같습니다. 각 교회의 성도들 마음엔 함께하는교회에 대한, 보리떡교회에 대한 관심과 애정이 별로 없어 보입니다.

10여 년을 보리떡교회에서, 올 1년을 함께하는교회에서 섬기면서, 여러 가지로 교회에 대한 거친 제 생각을 글로 적어보았습니다. 함께하는교회 공동체의 네트워크 교회에 대해 좀 더 돌아보고, 앞으로의 네트워크 교회의 방향성에 조금이라도 도움이 되었으면 하는 기대감의 표현이라고 생각해주시면 감사하겠습니다.

4부

비전랜드

정헌택

교회는 공동체 내부의
사람의 필요를 채우기 위해 존재합니다.
교회도 그런 모습이 많습니다.
그러나 교회는 항상 교회 밖 사람을 염두에 두어야 합니다.

교육부서는 선교부서입니다

함께하는교회의 비전랜드를 소개하려 합니다. 비전랜드는 미취학 아이들부터 청소년까지를 담당하는 함께공동체의 교육부서입니다.

함께공동체의 비전랜드는 선교부서입니다. 선교학의 개념 중 '10/40 window'라고 하는 개념이 있습니다. 선교적 자원을 북위 10~40°에 집중해야 한다는 이론입니다. 북위 10~40°에는 몇 가지 특징이 있습니다. 이 지역은 복음화율이 낮은 지역으로 세계 인구 2/3가 살고 있습니다. 또한 대부분 무슬림, 힌두교도, 불교도들이 거주합니다. 또한 미전도 종족의 95%가 이곳에 모여 있기 때문이라고 말합니다.

그러나 10/40 window를 말한 루이스 부시는 최근에 4/14 window를 말하고 있습니다. 4/14는 4세에서 14세 사이의 어린이를 뜻하는 말로 이 아이들이 가장 집중해야 할 선교전략 지역이라고 말하고 있죠. 미국의 성인 크리스천의 80%가 4~14세 사이에 예수님을 영접했다고 주장합니다. 이 나이 또래는 복음의 수용성이 매우 크다는 특징이 있습니다. 하지만, 전 세계의 기독교는 빠르게 이 나이의 어린아이들을 잃어가고 있습니다.

저는 이 말에 적극적으로 동의합니다. 어떤 학자는 우리나라가 영국보다 6배 빠른 속도로 기독교가 쇠퇴하고 있다고 말하고 있습니다. 그리고 이것은 사실 아이들을 실제로 만나볼 때 더 실감합니다. 교회를 보면, 어른의 부흥으로 인한 어린이들의 부흥 말고, 어린이 자체로 부흥을 이루는 교회를 실제로 찾기가 쉽지 않습니다. 어린이들이 많은 교회는 대부분 교회 내의 어른이 많은 이유로 자연 성장합니다. 즉, 부모님이 교회를 다니지 않는 가정의 대부분은 예수를 믿기가 점점 더 어려워지고 있다고 보고 있습니다.

과연 30년 후의 교회는 지금보다 더 좋아질 것인가라는 의문에 저는 부정적인 생각이 듭니다. 물론 출석 교인의 숫자만으로 그것을 측정할 수는 없지만, 출석 교인으로만 본다면 자연스럽게 출석 교인의 수는 30년 후엔 확 줄어들 것입니다. 미래학자 최윤식 박사는 대부분의 교회에서 이제 아이들은 볼 수 없게 될 것이라고 말하고 있습니다. 코로나로 인해서 우리는 그 상황을 훨씬 더 빠르게 맞고 있습니다. 그래서 우리는 선택을 해야 합니다. 교회에 있는 아이들을 양육하는 데에만 시간을 쓸 것인지 아니면 교회 밖의 많은 아이들을 향해 나아가야 할 것인지 말입니다.

교회는 5가지 역할이 있습니다. 예배, 교육, 봉사, 친교, 선교입니다. 교회는 5가지 역할에 모두 충실해야 합니다. 그러나 그동안 비전랜드는 교육에 더욱 많은 가능성을 두고 접근했습니다. 그러나 이제는 우리는 체질을 개선할 필요가 있습니다.

교회가 교육부서를 양육부서로 볼 것인지 선교부서로 볼 것인지가 중요합니다. 양육부서는 예수 그리스도를 믿고 있는 아이들이 더욱더 예수 그리스도를 닮아갈 수 있도록 돕는 일입니다. 선교부서는 예수 그리스도를 믿지 않는 아이들이 예수 그리스도를 구원자와 삶의 주인으로 믿고 살 수 있도록 돕는 부서입니다. 양육부서는 돈이 별로 들지 않습니다. 하지만, 선교는 돈이 엄청나게 많이 듭니다.

저는 비전랜드가 해외선교라고 생각합니다. 해외선교는 언어가 다른 곳, 문화가 다른 곳에 복음을 전하는 것입니다. 어린이의 언어는 이제 소통이 되지 않고 있습니다. 문화 역시도 어른들이 절대로 이해할 수 없는 행동을 좇습니다. 즉, 전혀 다른 세계의 사람과 마찬가지입니다.

해외선교는 상황화가 필수적입니다. 해외선교는 믿지 않는 사람들과 교회를 연결할 수 있는 접촉점이 필요합니다. 그것이 공부에 대해 가르치는 것이 될 수도 있고, 사업이 될 수도 있고, 구제가 될 수도 있고, 태권도가 될 수도 있습니다. 그것에 많은 인력과 아이디어가 필요합니다. 또한 해외선교는 전폭적인 투자가 필요합니다. 그러나 그런 투자에도 열매를 맺는 것은 눈에 잘 보이지 않습니다. 그런데도 그 일을 지속해서 해야 합니다.

비전랜드도 마찬가지라고 생각합니다. 그들의 문화와 교회의 접촉점이 필요합니다. 그러기 위해서는 교회는 교회 밖 사람들을 항상 염두에 두고 사역해야 합니다. 어떻게 하면 그 접촉점을 만들 것인가? 어떻게 하면 어린이들과 거리감을 줄일 수 있을 것인가? 어떻게 하면 그들의 친구가 되어줄 것인가 고민해야 합니다.

제가 담당했던 청소년 교회인 링크처치는 "내 친구가 예수를 즐기는 곳"이 되기 위해서 존재합니다. 동아리와 교회의 가장 큰 차이점 중 하나를 저는 구성원을 위해 존재할 것인가? 구성원이 아닌 사람들을 위해 존재할 것인가로 봅니다. 많은 모임과 공동체가 있지만, 우선적으로 공동체 내부의 사람의 필요를 채우기 위해 존재합니다. 교회도 그런 모습이 많습니다. 그러나 교회는 항상 교회 밖 사람을 염두에 두어야 합니다.

비전랜드는 개인의 잠재력이
극대화되기를 꿈꿉니다

교육개념의 정의 중 주형의 비유가 있습니다. 주형의 비유는 장인이 쇳물을 녹여 모양을 만들 듯, 교사가 주도적 역할을 하여 학생을 변화시키는 것을 교육이라고 보는 관점입니다. 따라서 교육 방법보다는 교사의 입장에서 학생이 배워야 할 내용을 중요하게 생각합니다.

저는 많은 시간 교회가 주형의 비유로 학생들을 바라보았다고 생각합니다. 우리가 생각하는 좋은 크리스천의 모습을 상상하고 그 상상을 토대로 아이들을 교육해왔다고 봅니다. 성경에 대한 정보를 많이 알고, 기도를 오래 하고, 교회 일에 적극적으로 참여하는 아이들을 좋은 크리스천이라고 생각한 것 같습니다.

그러나 비전랜드가 원하는 좋은 크리스천의 모습은 그렇지 않습니다. 비전랜드는 아이들이 자신의 색을 찾아가는 과정이라고 생각합니다. 아이들이 가지고 있는 고유의 색이 더 분명해질 수 있도록 하고 싶습니다. 모든 아이들을 한 가지 색이 정답이라고 주장하며 한 가지 색을 띄게 하는 것은 문제입니다. 오염된 색을 맑게 해야 합니다. 빨간색인 친구가 여러 가지 세상의 가치관을 좇아 흐릿한 빨간색이 되었다면 고유의 색을 찾도록 도와주어야 합니다.

어떤 친구들은 자연을 보며 하나님을 경외하는 마음을 느끼기도 합니다. 어떤 이들은 성경의 말씀을 연구하며 하나님의 성실하심을 보기도 합니다. 어떤 친구는 기도를 통해 나와 함께하시는 하나님을 피부를 느낍니다. 하나님은 한 분이나 하나님이 다가가는 방식은 사람마다 다릅니다. 그래서 교회는 다양한 방식으로 하나님을 만날 수 있도록 해야 합니다.

그러나 우리는 한 가지 색, 혹은 한가지 방식으로 하나님을 표현하는 경우가 많이 있습니다. 설교를 집중해서 듣고, 소리 내어 크게 기도하고, 뛰면서 찬양하는 방식으로만 하는 것이 예배처럼 느껴집니다. 그래서 다양한 실험이 필요합니다. 아이들의 은사를 찾고 아이들이 원하는 것으로 시작해서 하나님까지 닿을 수 있도록 교회가 돕습니다. 한 명 한 명의 아이들을 보면서 때로는 이런 방식으로 때로는 저런 방식으로 하나님과 만날 수 있도록 도와주는 것이 비전랜드의 역할입니다.

그래서 성경을 연구하는 것만큼이나 아이들 하나하나를 연구하는 것이 필요합니다. 어떤 친구는 놀이를 통해, 어떤 친구는 섬김을 통해, 어떤 친구는 다양한 경험을 통해 하나님을 만납니다. 그리고 그런 모든 도전과 활동이 존중받을 수 있어야 합니다.

아이들의 은사를 찾고 아이들이 원하는 것으로 시작해서
하나님까지 닿을 수 있도록 교회가 돕습니다.
한 명 한 명의 아이들을 보면서 때로는 이런 방식으로
때로는 저런 방식으로 하나님과 만날 수 있도록 도와주는 것이
비전랜드의 역할입니다.

비전랜드는 탁아소가 되기를 원하지 않습니다

교회 안에 많은 요구 중 하나는 어른들이 예배드릴 수 있도록 아이들을 맡아주는 역할입니다. 특히 미취학 아동의 부모님은 이런 것을 많이 느낍니다. 잠시나마 아이들과 떨어져 예배를 드리는 그 순간이 너무나 소중하기 때문입니다. 그리고 실제로 그런 위로가 많이 필요하다고 생각합니다.

그러나 함께공동체 비전랜드는 5세 전까지는 부모와 함께 아이들이 예배드리기를 원합니다. 정서적으로 부모와 떨어지기 어려운 시기의 아이들을 부모를 위해서 떨어뜨리는 것은 옳지 않다고 느끼기 때문입니다. 그래서 12개월~48개월까지 친구들은 부모들과 함께 예배에 참여합니다. 부모와 충분한 애착관계를 형성하게 하고 싶기 때문입니다.

예전에 교회에 건의사항이 들어왔던 적이 있습니다. 아이들의 예배가 어른들 예배에 비해서 대부분 늦게 끝이 납니다. 어른들의 예배는 찬양과 설교로 이루어진 반면 아이들의 예배는 찬양과 설교, 그리고 소그룹까지 있기 때문에 대부분 아이들의 예배종료시간이 어른들보다 늦게 끝날 수밖에 없기 때문입니다. 그래서 아이들이 예배드리는 공간에 예배가 끝난 부모님들이 뒤에서 기다리는 시간이 많았습니다. 그래서 어떤 분이 아이들 예배를 조금 더 일찍 끝내달라는 건의를 해주셨습니다.

이 건의사항을 가지고 스태프들과 의논을 했습니다. 그때 내린 결론은 어른들이 불편하다고 하여 아이들의 예배 시간을 줄일 수는 없다는 결론을 갖게 되었습니다. 그래서 광고를 했습니다. 예배 후에 아이들이 예배가 끝나는 장소에 먼저 가 있지 말아달라는 광고였습니다. 아이들이 부모님을 보게 되면 예배에 집중하지 못하고, 부모님에게 집중을 하기에 부모님은 카페나 교회 공터에서 아이들을 기다려주시면 예배 후 아이들이 부모님에게 갈 수 있도록 하겠다고 하였습니다.

아이를 한 명의 예배자로 보는 좋은 결론이었다고 저는 생각합니다. 아이들이 어른이 예배드리는 동안 방해가 되지 않도록 하기 위해서 각 부서로 보내지는 것이 아니라는 것입니다. 아이들이 한 명의 예배자로 자랄 수 있도록 잠시 어른들이 예배가 끝났음에도 기다려주시기를 부탁했습니다.

어른들에 비해 아이들은 예배시간에 해야 할 순서가 많이 있습니다. 어른들은 수동적인 예배방식을 통해서 정보를 얻는 경우가 많지만, 아이들은 적극적인 활동을 통해서 배우기 때문입니다. 그래서 무언가를 만들거나, 연극 등의 활동을 하거나, 다양한 매체를 통해서 배우게 됩니다. 또한 선생님과의 관계, 소그룹을 통한 친교의 시간까지 이 모든 것을 정해진 1시간 안에 마치는 것이 쉽지 않습니다.

그러나 이 모든 과정을 통해 아이들은 부모의 하나님에서 나의 하나님을 찾아가는 과정을 발견합니다. 부모를 따라 교회 오는 내가 이제 스스로 하나님을 만나는 단계로 가기를 원합니다. 그렇기 위해서는 어른들이 불편해도 조금은 참아주셔야 합니다.

비효율적 기다림

유치원에 다녀온 제 딸이 어느 날 영어 단어를 이야기하는 것을 보며 천재가 아닌가 생각했던 적이 있습니다. 모든 부모는 그런 생각을 다 해보는 듯합니다. 사실 그것은 어떤 정보를 반복적으로 노출시키다 보면 나오는 그런 결과입니다. 한글도 모르는 아이들이 성경을 외우는 모습을 보거나, 나도 잘 모르는 성경의 이야기를 술술하는 아이들을 보면 너무 대견함을 느끼는 것은 당연한 부모의 모습입니다.

그러나 어느 순간 이런 아이들이 교회를 나가기 싫어하고, 하나님을 의심하는 시간이 오게 됩니다. 그리고 그 풀리지 않는 수수께끼 속에서 아이들은 하나님을 찾고자 애를 씁니다. 그 과정을 저는 하나님을 찾는 구도의 과정이라고 보지만, 막상 부모의 입장에서 보면 하나님을 떠나는 과정처럼 느껴지게 됩니다. 내가 제일 사랑하는 내 자녀가 내가 제일 중요히 여기는 하나님을 버리는 것처럼 보입니다. 그래서 그 모습은 더 없이 고통스럽고, 무력해지는 나를 바라보게 됩니다.

신앙은 정보의 공유로 생기는 것이 아닙니다. 또 논리적으로 결론이 나는 문제도 아닙니다. 그것은 항상 믿음의 문제입니다. 그리고 그 믿음은 경험을 토대로 점점 더 단단해집니다.

비전랜드는 아이들이 하나님 안에서 헤맬 수 있는 자유를 주려고 노력합니다. 그것은 위험합니다. 실제로 신앙을 떠날 수도 있고, 교회로부터 멀어질 수도 있습니다. 왜 하나님인지 스스로 답을 내지 못하면 교회 안에서 성장했다고 하여도 하나님을 떠나는 수없이 많은 경우도 있기 때문입니다. 그래서 더없이 하나님을 의지할 수밖에 없습니다. 어떤 제도로 하나님과 사람을 묶을 수 있는 게 아니니까요.

비전랜드는 씨를 뿌리는 사역입니다. 씨를 뿌리는 것과 열매를 거두는 것 중 무엇이 즐거울까요? 당연히 열매를 거두는 사역입니다. 그래서 우리는 그 열매가 당장 나타나주기를 기대합니다. 그게 우리의 기쁨이 되니까요. 하지만, 씨를 뿌리고, 바람을 맞고 비를 맞으며 튼튼히 뿌리를 내리지 못하는 경우도 많이 있습니다. 지루하게 견디며 뿌리는 그 씨가 언제 싹을 틔울지 우리는 알지 못합니다. 그러나 씨를 뿌리지 않으면 열매를 맺을 수 없습니다.

넘어지지 않고 자전거를 배울 수는 없습니다. 흔들리지 않고 자라는 나무도 없습니다. 그래서 그 흔들림이 너무 귀합니다. 그리고 그 흔들림을 응원합니다. 그러나 그 흔들림은 항상 불안합니다. 뽑힐 것 같습니다. 흔들리는 바람에 비해 뿌리가 너무 약해 보이기도 합니다. 그저 하나님을 의지할 수밖에 없습니다.

비전랜드는 열매를 섣부르게 거두지 않으려 합니다. 지지부진하게 씨를 계속 뿌리려 합니다. 빠른 효과를 볼 수 있도록 사역하지 않으려 합니다. 그래서 우리는 쉽게 외우는 성경구절보다 어렵게 배우는 정의를 추구하기 원합니다. 그리고 끊임없는 교사의 사랑으로 복음에 다가갈 수 있도록 가르치고 싶습니다.

성공한 청소년 캠프와 실패한 청소년 캠프의 차이는 둘째 날 집회 때 아이들이 얼마나 울면서 기도했는지의 정도로 평가합니다. 기도를 많이 해서 목이 쉬었고, 많은 사람이 눈물을 흘렸으면 성공한 캠프고, 그렇지 않으면 실패했다고 생각합니다.

제가 생각하는 좋은 청소년 캠프는 평생 함께 기도할 기도 친구를 만들어주는 것입니다. 흔들리는 세상 속에서 같이 날 잡아줄 친구들을 많이 모으는 겁니다. 솔직한 내 삶과 죄를 고백하면서도 나를 떠나지 않는 친구들과 함께 기도할 수 있는 것, 내 고통을 자신의 고통처럼 여기고 함께 기도해줄 친구를 만든다면 그것이 저는 좋은 캠프라고 생각합니다. 그리고 이것은 바로 결과를 얻는 그런 캠프는 아닙니다.

예수가 그렇게 하였습니다. 예수는 제자들을 기다립니다. 제자들은 항상 혼납니다. 그러나 예수는 그 제자들을 포기하지 않습니다. 끊임없이 기다리고 사랑하고 기대합니다. 그래도 제자들은 계속해서 배신합니다. 그 흔들림 속에서 예수는 제자들을 붙듭니다. 그리고 그들은 그렇게 은혜를 경험합니다.

제가 생각하는 좋은 청소년 캠프는
평생 함께 기도할 기도 친구를 만들어주는 것입니다.
흔들리는 세상 속에서 같이 날 잡아줄 친구들을 많이 모으는 겁니다.
솔직한 내 삶과 죄를 고백하면서도 나를 떠나지 않는 친구들과 함께
기도할 수 있는 것, 내 고통을 자신의 고통처럼 여기고
함께 기도해줄 친구를 만든다면 그것이 저는 좋은 캠프라고 생각합니다.

재미, 복음, 공동체

비전랜드가 추구하는 3가지 요소입니다. 첫 번째 시작은 재미입니다. 교회는 훈련이라는 단어를 좋아합니다. 기도훈련, 말씀훈련 등, 훈련은 어떤 일을 견디는 것을 말합니다. 그러나 훈련은 고통스럽지만, 우리에게 꼭 필요한 일이기도 합니다.

앞서 말했듯 저는 비전랜드를 교육보다는 선교의 측면으로 접근합니다. 선교의 첫 번째 해야 할 일은 소통입니다. 소통을 위해서는 상대와 나의 관심을 맞추는 일에서 시작합니다. 이것은 예수님도 똑같이 했습니다. 어떤 이에게는 배에 타서 그물을 던지라고 했고, 어떤 이에게는 질문을 했으며, 어떤 이에게는 물을 달라 했습니다. 그들에게 실제로 필요한 것은 그물도 질문에 대한 답도 물도, 복음에 접근하기 위한 시작이었습니다.

교회에서 자주 사용하는 '은혜받았다'라는 표현은 교회 밖 사람들에게 '재미있다'라는 표현과 동의어입니다. "재미있었다"라는 표현은 공감되었다는 말하고도 동의어입니다. 그래서 아이들의 입에서 "재미있었다"라고 말하게 하는 것은 굉장히 중요합니다.

선교적 공동체가 되기 위해서는 내가 재미있는 게 우선적으로 중요합니다. 내가 재미있지 않으면 다른 친구들에게 소개해 줄 수 없기 때문입니다. 내가 공감되지 않는데 다른 이들이 공감할 것이라 생각할 수 없지요. 그래서 교회는 재미있어야 합니다. 재미라는 것은 즐거움을 추구해야 하는 것을 넘어 서로 공감되어야 한다는 의미입니다.

청소년부를 하면서 점점 어려움이 많아졌습니다. 그들과 소통할 수 있는 공통의 관심사가 줄어든다고 여겼기 때문입니다. 그래서 제가 해야겠다고 한 것이 3가지가 있습니다. 첫 번째는 게임, 두 번 째는 웹툰, 세 번째는 만남입니다.

게임을 시작했습니다. 당시 아이들이 가장 많이 하는 '리그 오브 레전드'라는 게임이었습니다. 처음에는 너무 어려웠습니다. 그러나 계속하니까 늘더라고요. 처음에는 호기심으로 시작한 게임이 아이들과 가장 많이 쉽게 소통하는 도구가 되었습니다.

매일 밤 함께 아이들과 게임을 했고, 나누고 싶은 이야기는 카톡이나 전화가 아닌 게임 메신저로 이루어졌습니다. 밤에 하는 게임은 아이들의 마음을 열기에 좋은 도구였습니다. 게임은 교회를 오지 않는 친구들과도 접촉할 수 있는 훌륭한 도구였습니다. 교회를 다니지 않는 친구들이 목사를 만나는 것은 꺼려하면서 모르는 사람과 게임하는 것은 괜찮았나 봅니다. 그래서 교회 밖 친구들과 수없이 많은 게임의 시간을 보내었고, 관계를 맺고 이야기도 나눌 수 있었습니다.

두 번째는 웹툰 보기였습니다. 책으로 만화책을 보는 것에 익숙했던 저는 아이들의 도움으로 웹툰을 읽기 시작했습니다. 처음 만나는 친구들과 하기 제일 좋은 이야기는 웹툰 이야기였습니다. 내가 보는 웹툰을 추천하기도 하고, 아이들에게 어떤 웹툰이 재미있는지 추천받기도 하였습니다.

그렇게 웹툰에 대한 이야기를 하다 보면 아이들의 취향이 더 잘 보였습니다. 그리고 이야기가 끊기지 않고 계속 연속적으로 할 수 있었습니다. "그거 봤어?" 하면서 이야기를 시작하면 되었으니까요.

세 번째는 만남입니다. 저는 심방이라는 표현은 좋아하지 않습니다. 사전에서 심방은 방문하여 찾아본다는 뜻을 가지고 있습니다. 하지만 교회에서 심방은 어떤 종교적 목적으로 가지고 하는 만남에 더 많이 쓰이는 듯합니다.

제가 하는 가장 큰 노력은 아이들과 만날 때 질문하기 전까지 하나님 이야기하지 않기입니다. 아이들이 하나님을 궁금해 하기 전에는 먼저 말하지 않습니다. 오히려 저를 궁금해하고, 저에 대한 질문의 끝이 하나님에게 다다르기를 항상 기도하며 바랍니다.

많이 만나면 많이 알게 됩니다. 교회에서 예배드리는 1시간 동안 아이들을 만난다고 아이들의 삶이 보이지 않습니다. 그러나 밖에서 만난 1시간은 교회 안에서 다시 만났을 때 대화의 농도를 더 깊게 합니다. 예배시간에 만난 옆자리 친구랑 함께한 1년의 52시간의 시간보다 캠프에서 만난 친구가 더 깊게 소통하는 이유도 그러할 것입니다.

그러나 교회는 재미보다는 훈련을 좋아합니다. 그래서 친구를 데려오는 것이 더욱 어렵습니다. 내가 즐겁지 않은데 그 훈련에 참여하자고 하는 것은 어렵습니다. 훈련이 필요없다는 의미도 아니고, 훈련이 없어야 된다는 의미가 아니라 훈련 이전에 공감이 먼저라는 것입니다. 순서가 훈련 이전에 재미라는 점입니다.

복음은 기독교가 전달하는 핵심 메시지입니다. 성경도 기도도 찬양도 복음을 전달하기 위한 메시지입니다. 복음을 설명하는 일은 매우 어려운 일입니다. 성경에서도 복음을 여러 가지 방식으로 설명했습니다. 때로는 하나님의 나라라는 표현을 통해서 설명했고, 때로는 법적인 용어인 칭의를 통해서 설명했습니다.

교회에서 하는 모든 행위는 복음을 경험하는 것에 있습니다. 이 복음을 위해서 우리는 수없이 많은 요소를 사용합니다. 예술을 사용하기도 하며, 게임을 사용하기도 합니다. 교회가 궁극에 다다를 곳은 복음입니다. 복음은 죄인에게 필요합니다. 자신이 부족한 사람임을 실감하는 사람에게나 기쁜 소식입니다. 문제없는 사람에게 복음은 소음일 뿐입니다.

그래서 아이들의 아픔에 다가가야 합니다. 그래서 더 대화해야 하고 더 알아야 하며 더 소통해야 합니다. 겉으로 보기에 멀쩡한 모든 사람에게도 다 하나님이 필요하기 때문입니다. 그렇게 마음을 열어야 합니다. 그리고 그 열린 마음 안으로 예수의 십자가가 들어가게 됩니다.

공동체는 복음을 살아가는 방식입니다. 신앙은 신앙으로 존재하지 않고 신앙생활로 존재합니다. 비전랜드는 개개인이 가지고 있는 분명한 색을 만들려고 합니다. 그러기 위해서는 공동체가 필요합니다. 내 색깔만 가지고는 소통할 수가 없습니다. 성경은 능력보다 사랑이라고 말합니다. 방언이나 예언을 하기보다 사랑하라고 말하고 있습니다. 우리는 능력을 달라고 기도하지 사랑을 달라고 기도하지 않습니다. 사랑은 사랑할 수 없는 사람을 사랑하면서 생기는 능력입니다. 사랑할 만한 사람을 사랑하면서 생기지 않습니다.

아이들과 공동체로 함께할 수 있는 기회를 만들려고 노력했습니다. 1년에 2번씩 소그룹별로 선생님과 함께 1박2일을 보낼 수 있도록 했습니다. 지리산을 종주하기도 했고, 스페인의 산티아고 순례길을 다녀오기도 했습니다. 자전거로 동해안 일주를 했습니다. 성도님들의 후원을 얻기 위해 음료도 판매하였습니다.

공동체가 함께 움직이면 반드시 갈등이 생깁니다. 우리는 모두 다르기 때문에 갈등이 안 생길 수가 없습니다. 누군가는 희생해야 하며, 누군가는 그저 도움을 받을 수밖에 없는 상황이 생깁니다. 다른 사람을 보면서 자신을 돌아보기도 하고, 누군가를 보면서 저렇게 되지 말아야지 합니다. 서로 싸우기도 하고, 분노하기도 합니다.

공동체는 나를 드러냅니다. 결혼이 그렇지 않습니까? 결혼을 하면 내가 얼마나 비열한 인간인지 깨닫게 됩니다. 상처 줄 걸 뻔히 알면서도 날카롭게 그 약점을 쑤셔댑니다. 그래서 갈등하고 싸우지만, 그렇게 또 서로 사랑합니다.

제가 있던 링크처치의 캠프와 타 교회의 캠프가 많은 점이 다르지만 가장 다른 점은 저는 아이들이 스스로 밥해 먹을 수 있도록 하기 위해 노력합니다. 타 교회의 캠프는 집회에 모든 에너지를 모읍니다. 집회의 성공여부로 캠프의 성공여부를 정합니다. 그래서 집사님들이 아이들이 집회에 집중할 수 있도록 다른 어려운 일들을 많이 도와주십니다.

그러나 저희는 가능하면 아이들이 캠프의 모든 부분에 함께 참여하도록 합니다. 밥도 하고, 치우기도 하며, 게임도 준비하고, 예배도 준비할 수 있도록 노력합니다. 가능한 대로 많은 부분에서 아이들의 손길이 닿기를 원합니다.

그러면 모든 일이 엉망이 됩니다. 그리고 그 혼란 속에서 방법을 찾아냅니다. 누군가는 솔선수범하고, 누군가는 뒤따라와 돕습니다. 누군가는 분위기를 만들고, 누군가는 어울리지 못하는 친구들을 찾아가 함께 해줍니다. 말씀을 배우는 것만큼이나 말씀으로 살 수 있는 기회를 만들어 갑니다.

하나님은 공동체로 함께하셨습니다. 그리고 그 멋진 공동체로 충분하지만, 우리에게 그 멋진 공동체를 소개해주기 위해 사람을 만드셨습니다. 교회라는 것은 그런 공동체를 꿈꾸는 곳이며, 맛보는 곳입니다. 죄인들의 공동체임에도 불구하고 그렇게 하나님의 사랑을 시식할 수 있습니다. 그래서 천국의 공동체를 기대할 수 있게 되는 곳입니다.

어느 공동체가 조건 없이 사랑이 가능할까요? 아무 곳도 가능하지 않습니다. 교회도 쉽지 않습니다. 그러나 교회가 가장 그것을 보여주기에 가까워야 합니다. 그것을 보여주고 싶어서 안달난 곳이 되었으면 좋겠습니다. 그렇게 우리는 함께하는 즐거움이 혼자 하는 즐거움보다 낫다는 것을 눈으로 몸으로 보여주고 싶습니다.

아이들을 위해
함께하는 교회

● **함진호** 이음마을 교사

어린이가 줄어들고 있습니다. 신문에 자주 등장하는 0.70 합계출산율 이야기만은 아닙니다. 교회에서는 이미 어린이가 더 급격하게 줄어들고 있습니다.

그렇다면 왜 교회에서 어린이가 줄어들고 있을까요? 작년 목회데이터연구소가 전국 개신교 중고생 500명을 대상으로 조사한 바에 의하면 "공부, 과외, 학원 때문에"라는 응답이 50%를 차지했다고 합니다. 같은 질문에 "부모님이 교회에 나가는 것을 반대해서"라는 응답도 19%나 되었습니다.

어린이는 대체로 초등학교에 다니는 나이 또래의 아이들을 의미하는데, 초등학교 때 신앙을 제대로 갖지 못한 상황에서 중·고등학교에 진학해서 새롭게 신앙을 갖게 된다는 것은 더욱 쉽지 않은 일입니다.

함께하는교회는 비교적 큰 교회이고 교회학교를 운영하는 데 그다지 큰 어려움은 없지만 지난해 예장통합이 일산 지역을 대상으로 교회학교 실태를 조사한 바에 의하면 교회에서 교회학교를 운영하는 비율이 57%밖에 되지 않았다고 합니다. 사실 새롭게 목회를 시작하는 작은 교회가 교회학교를 운영한다는 것은 쉽지 않은 일입니다. 당장에 닥치는 여러 문제들에 집중하기에도 힘이 부치기 때문입니다. 여기에 함께하는교회의 역할이 있습니다. 아니, 교회들이 함께해야 하는 역할이 있습니다.

첫째, 아이들이 유치부에 들어와서 유초등부, 중등부, 고등부로 성장하기까지의 이력이 잘 관리되었으면 좋겠습니다. 언제 어떤 말씀을 들었는지, 언제 어떤 행사가 있었는지, 또 언제 신앙상에 어떤 큰 울림이 있었는지를 기록하고, 자신이 보관하고, 교회학교 선생님도 이를 바탕으로 아이들의 신앙상태를 확인하고, 또 계획을 수립할 수 있었으면 합니다.

종이에 기록한다는 것은 어렵고 온라인화 되어야 할 것입니다. 교사도 기록하고, 학생도 스스로 기록하는 형태로

되어야 보다 효과적인 것입니다. 아이들이 다른 교회로 옮기게 된다면 이를 새로운 교회로 전달하여 계속 성장할 수 있도록 축복해야 할 것입니다.

둘째, 교회에서 행사를 하게 되면 많은 제대로 된 소품들이 필요한데, 구입하거나 만들어야 합니다. 그런데 한두 주 행사를 위해서 들여야 하는 노력이 너무 큽니다. 특히, 바쁜 시간을 쪼개어 봉사하는 교사들이 하기에는 엄두가 나지 않는 일입니다. 공들여 만든 소품들을 함께 공유하는 커뮤니티나 마켓이 있다면 어떨까요? 아예 처음부터 여러 교회가 모여서 함께 만들고 공유한다면 서로 다른 교회, 교사들 간에 협력도 보다 쉽게 이루어질 수 있을 것입니다.

마지막으로 교회학교에 온라인 도입입니다. 일주일에 한 번 잠시 동안의 교사와 아이들 간의 물리적인 만남만으로는 시간이 부족합니다. 주일날에 만나는 교회학교를 보조하여 교회학교의 온라인화가 병행된다면 주중에도 아이들이 홈페이지에 들어가서 QT도 하고, 서로의 소식도 확인하며, 어쩔 수 없이 빠진 교회학교에서 어떤 일이 있었는지

들어가 볼 수도 있습니다. 물론 온라인 교회에 축적된 양질의 콘텐츠를 함께 사용하는 것도 가능합니다.

교회학교가 없는 교회가 43%나 된다고 했습니다. 온라인 교회학교가 있다면 이런 교회에서도 교회학교를 운영하는 데 큰 도움이 될 것입니다.

이러한 일들은 어떤 한 교회가 감당할 수 있는 일이 아닙니다. 교회들이 함께해야 가능한 일입니다.

5부

위기 대응과 리더십

김요한

교회의 크고 작은 위기 중
'실패'를 대응하는 모습과 그 이유

어떻게 하면 교회가 숫자적으로 '성장하는' 교회보다
'선교적인' 교회가 될 수 있는지 고민하게 되었습니다.
다시 말해 교회가 물리적으로 더 커지고 비대해지는 것보다는
지역사회를 넘어 선한 영향을 끼칠 수 있는 모습에
관심이 많았습니다.
그리고 그러한 일을 추진할 수 있다면 10주년을
맞이하는 교회에 의미부여가 될 수 있을 것 같았습니다.

위기대응 사례
용인함께하는교회

우리 교회가 10주년을 맞이하게 될 무렵, 저는 어떻게 하면 교회가 숫자적으로 '성장하는' 교회보다 '선교적인' 교회가 될 수 있는지 고민하게 되었습니다. 다시 말해 교회가 물리적으로 더 커지고 비대해지는 것보다는 지역사회를 넘어 선한 영향을 끼칠 수 있는 모습에 관심이 많았습니다. 그리고 그러한 일을 추진할 수 있다면 10주년을 맞이하는 교회에 의미부여가 될 수 있을 것 같았습니다.

사실은 우리 교회에서 제가 초창기 때부터 설교 속에 강조해 온 것 중에 하나 역시 '함께하는교회', '흩어지는 교회'라는 공식이었습니다. 그러한 설교를 듣고 우리 교회를 떠나 당신이 '흩어지는 교회'의 역할을 하겠다고 저를 찾아와 상담하신 어느 집사님도 계십니다.

개인적으로 그러한 원리를 적용한 첫 사례를 만들어 교회적으로 같은 원리를 적용하려고 했던 것이 바로 '용인'의 개척이었습니다. 초창기에 약 1년 동안 직접 용인에 매주 갔던 분들도 계셨고 재정적인 지원을 해주신 분들도 여러 명이 있었습니다. 그 외에도 직접 가지는 못했지만 물질로 후원해 주고 기도로 후원해 주신 성도들이 있었습니다.

겉으로 보면 잘나가는 것 같아 보였습니다. 하지만 안타깝게도 그 교회의 수명은 오래 가지 않았습니다. 약 2년쯤 되어서 저의 의도와는 달리 교회를 중단해야 되는 뼈아픈 경험을 하게 되었습니다. 교회에서는 약 2억 원이 훌쩍 넘는 과외비를 낸 셈입니다. 저는 이 경험을 바탕으로 리더십에 대한 배움의 기회가 되었지만 교회적으로는 손실이 컸습니다. 그리고 교회 구성원들에게 미치게 되는 실망감도 적지 않았을 것입니다.

'용인 개척에 왜 실패했나?'라는 질문을 갖고 그 과정을 반추해보았을 때, 몇 가지 치명적인 실수를 짚어볼 수 있습니다.

맹목적이었다

10주년을 장식하는 의미 있는 과제가 될 수는 있어도 충분한 소통이 부족했습니다.

갑작스러웠다

여유 있게 일을 추진하기보다는 저와 더불어 몇몇 구성원들 중심으로 일이 진행되었습니다.

준비가 미흡했다

충분한 토론과 검토 없이 교회 개척이 진행되었다고 해도 과언이 아닐 것입니다.

준비된 리더가 없었다

교회 가치관을 공유한 인재보다는 전혀 다른 목회 철학을 소유한 목회자가 개척했습니다.

너무 믿었다

한 사람에 대한 기대치가 과도한 탓에 팀 리더십보다는 한 사람의 역량에만 의지했습니다.

이처럼 아픔은 있었지만 실수나 실패를 거울 삼아 개척을 추진하는 일을 포기하지는 않았던 것을 다행스럽게 생각합니다. 중요한 것은 오히려 이러한 실패를 발판 삼아 보다 의미 있는 교회 개척에 다시 마음을 모으게 된 계기가 되었습니다. 그 개척의 첫 시작이 홍대(신촌 지역)에 위치한 '가까운교회'였습니다.

그 이후로 우리는 영어권 교회Christian International Church, 보리떡교회, 하나둘교회, 청소년 교회인 '링크처치'를 개척했습니다. 이 교회들을 통틀어 우리는 '함께공동체'라고 부르고 있습니다. 각 교회는 전체적인 주요 가치관을 공유하면서 그 지역이나 대상의 특성에 맞게 운영이 되고 있습니다.

교회가 조금 더 안정적인 사역을 하게 될 무렵 우리는 전혀 예상치 못했던 또 다른 어려움을 만나게 됩니다. 그것은 우리에게 큰 상처를 남긴 재정 사고였습니다. 무려 4억 원이나 넘는 금액의 헌금을 교회 직원이 횡령한 사건이 있었던 것입니다.

하지만 우리는 재빨리 상황 파악을 하고 여러 차례의 회의를 거쳐 교회 가족들에게 이 상황을 알리기로 했습니다. 그 일을 숨기거나 소수만 해결하려는 방법보다는 공동체 전체에게 상황을 정확히 알리고 금전 사고에 대한 대안을 같이 찾아보기로 했습니다.

물론 이 모든 과정이 매끄럽지만은 않았습니다. 하지만 교회는 해당자들이 형사처벌을 받는 선택보다는 시간이 걸리더라도 횡령한 금액을 교회에 매달 조금씩 갚아 나가는 방식이 최선책이라는 판단에 도달했습니다. 해당 가족도 형사 처벌보다는 그 선택에 동의를 해주었고 사건 발생 이후 현재까지 6년이 넘는 이 시점에서 해당 가족은 약속한 대로 교회에 약 2억 원 가까이 되는 돈을 갚아 나가고 있습니다.

저는 여기에서 배운 점, 그리고 배우고 있는 점이 있다면 바로 '기다림'이라고 하겠습니다. 교회는 기다려주는 곳입니다. 하나님이 우리의 실수와 실패를 넘어 기다려주듯 그것이 우리가 감당해야 할 몫인 것 같습니다. 부모도 자녀를 기다려주지 않습니까?

하지만 그것은 맹목적인 기다림이 아닙니다. 그리고 피상적이거나 소극적인 기다림도 아닙니다. 오히려 희망적이며 적극적인 기다림 아닐까요? 사역의 열매나 꽃은 기다림에 있다고 감히 말할 수 있을 것 같습니다.

위기는 또 다른 기회가 될 수 있다는 말처럼 어려운 상황을 긍정적으로 극복할 수 있다면, 위기를 탈출하는 일에만 성공하는 것이 아니라 오히려 보다 건설적인 형태의 사역을 장기적으로 펼쳐 나갈 수 있다는 희망을 가져봅니다. 그만큼 실패라는 아픔을 통과하지 않고는 배움이나 성장도 없는 것 같습니다.

저희는 결국 비싼 과외를 치른 셈이지만 그 실패나 좌절의 경험들이 궁극적으로 누군가에게는 작게나마 힘이 되고 위안이 되었으면 하는 바람이 있는 것이 사실입니다. 우리 교회 구성원들은 실패에도 불구하고 다시 도전할 수 있는 믿음과 기회를 주었기에 그 자체가 미래 세대와 한국 교회에 선한 영향을 끼칠 것을 저 나름대로 상상해보는 계기가 되었습니다.

수평적 리더십의 모델

함께하는교회는 개척 초기부터 교회 구성원들과 사역자들 간에 수직적 관계보다는 수평적 관계를 추구하려고 노력해왔습니다. 물론 그것은 리더의 기질이나 성품 그리고 경험에 따라서 다를 수밖에 없습니다.

한국 교회가 좀 더 익숙한 리더십 모델이 수직적일 수 있는 것은 유교 문화의 영향도 있습니다. 누군가를 가리켜 '카리스마 charisma 있다'고 하면, 대중을 이끌 수 있는 강한 리더십으로 이해하는 경향이 크기 때문입니다.

그렇지만 카리스마라는 단어는 대중에게 영향을 줄 수 있는 사람을 의미하기 때문에, 부드러운 성품이나 리더십을 가진 사람 역시 카리스마 있는 리더에 해당될 수 있습니다. 가장 이상적인 상황은 필요에 따라 강할 때도 있고 부드러울 때도 있는 리더를 만나는 것이겠죠. 하지만 어떻게 그게 항상 가능한 리더가 있을 수 있겠습니까? 대부분의 경우에는 좀 더 부드러운 수평적인 리더를 만나거나, 좀 더 강한 수직적인 리더를 만나게 됩니다.

교회도 마찬가지입니다. 담임과 교역자들의 관계가 수직적이면 편한 것은 많습니다. 회사로 치면 사장과 직원 같은 느낌이겠죠. 그저 사장이 원하는 대로 혹은 주문하는 대로 따르면 됩니다. 사장은 편합니다. 아니 어쩌면 직원도 편할 수 있습니다. 내가 무언가를 만들어내기 위해 크게 노력하거나 긴장하지 않아도 되니까요. 사장(목사)이 지시하는 대로만 하면 서로 만족할 수 있기 때문입니다.

물론 여기에는 한계점도 많이 있습니다. 무엇보다 직원(교역자)이 자신의 뜻을 마음껏 펼치기가 어렵습니다. 아니, 어쩌면 매사 수동적이고 안일주의에 빠질 위험성이 커질 것입니다. 다시 말하면, 좀 더 창의적이거나 창조적인 일이나 사역을 펼치기 쉽지 않은 구조입니다.

거꾸로 수평적 관계의 장점은 직원(교역자)이 자신의 창조적인 생각이나 의견을 나눌 수 있고, 그것이 반영되기 쉽습니다. 자기 주도적으로 일할 수 있는 환경을 보장해주는 만큼 만족도나 성취감이 상대적으로 높을 수 있습니다. 더 나아가 일 중심보다는 관계 중심이 될 수 있기에 조금 더 친밀하고 따뜻한 업무 환경일 확률이 높습니다.

의견의 차이를 무시하기보다는 존중해주는 문화를 만들어가며 토론문화를 격려하는 것이 수평적 관계의 우선순위라고 할 수 있을 것 같습니다. 그러한 토론 문화가 성공적일 경우, 보다 역동적인 사역을 기대하는 것도 가능한 일입니다.

이러한 차이점을 볼 때 개인적으로 수직적 리더십 모델보다는 수평적 리더십을 가진 교회를 지향한 것이 사실입니다. 그리고 그것이 오히려 저의 성격을 더 잘 반영해주는 것 같기도 했습니다.

물론 단점이나 한계가 없는 것은 아닙니다. 때로는 결정을 내리는 데 있어 시간이 더 걸리기에 우유부단하다고 느껴질 수도 있는가 하면, 속도가 붙지 않으면 일을 안 하거나 못한다는 인상을 받기 쉽습니다.

중요한 것은 무조건 효율이나 빠른 결과만을 지향한다면 수직적 리더십이 이상적이겠지만 더 안전하고 창의적인 결과를 원할 경우 수평적인 리더십이 반영되어야 할 것입니다.

하지만 우리 역시 교회의 규모가 점진적으로 커지고 교역자들의 숫자도 많아지면서, 부딪히게 된 현실이라고 할까요? 수평적인 구조에 대한 의문을 갖게 되는 경우도 자연적으로 발생하게 된 것 같습니다. 모든 사람에게 수평적인 구조가 어울리지는 않기 때문입니다.

문제는 그동안 지켜온 가치관을 타협하다 보면, 지향하고자 하는 방향을 잃을 수도 있다는 것입다. '비전은 새나간다vision leaks'라는 문구가 암시하듯 우리가 가야 할 방향을 정기적으로 점검하지 않으면 본질적 가치는 새나간다는 의미입니다

교회의 성장과 더불어 수평적인 리더십을 지속 가능한 모델로 유지하고 싶다는 생각에서, 공동 목회 혹은 공동대표의 개념을 꿈꾸었던 시절도 있었지만 그 계획은 이루어지지 않았습니다. 장단점에 대한 심층적인 분석이나 고민을 충분히 했다고 할 수는 없지만 그렇게 했을 경우에 일어날 수 있는 시너지 효과를 기대했던 것 같습니다.

문제는 철학이나 정신만으로 교회를 운영할 수 있는 일은 아닙니다. 공동 목회를 하려면 거기에 동의하는 상대 목회자가 있어야 하는 법이죠. 저는 적임자를 찾았다고 생각했지만, 당사자

는 생각이 달랐고 저는 그 뜻을 존중해야만 했습니다. 그렇게 공동목회는 일단락되었고 더 이상 추진하지 않았습니다.

실제로 공동으로 운영이 되는 교회의 사례도 있지만 그렇게 많은 것 같지는 않습니다. 공동 목회 체제로 운영되는 교회는 좀 더 수평적이고 민주적인 형태의 리더십 모델로 자리잡을 수 있으나 우리는 거기에 다다르지 못한 셈입니다.

교회의 규모가 커져도 수평적 리더십 모델이 지속 가능한 방법이 있는가에 대해서는 긍정적입니다. 그것은 리더의 역량에 달려 있기 때문입니다. 리더가 팀team 중심으로 일할 수 있는 환경을 마련해주고, 관계 중심의 가치가 우선시되는 문화를 만들어갈 수 있다고 믿기 때문입니다.

수평적 리더십을 위한 필수 요소

그러한 리더의 구체적인 자질과 역량은 그렇다면 어떤 것이 있을까요? 두 가지 정도가 핵심일 것 같습니다.

배우고자 하는 자세

리더는 끊임없이 배워야 하고, 누구에게나 배워야 하는 마음가짐이 필요합니다. 그걸 성품이라고 하든, 성향이라고 하든, 배우고자 하는 의지와 태도입니다. 책으로 배우든, 사람에게서 배우든, 배우고자 하는 자세만 있다면 나이가 적은 사람에게도 배울 수 있고, 성별이 다른 사람, 문화가 다른 사람 등등, 얼마든지 다양한 배움이 가능하기 때문입니다.

저는 새로운 사람을 뽑을 때 가장 먼저 보는 부분이 바로 배움의 자세라고 하겠습니다. 그런 사람은 팀으로 일할 수 있는 기본을 갖추었다고 보기에 수평적인 구조에 안성맞춤인 셈입니다. 다른 사람으로부터 배우고자 하는 사람은 경청하는 사람이라고 할까요? 자기 목소리가 중요한 것 이상으로 타인의 목소리에 귀를 기울일 줄 알아야 수평적으로 일할 수 있기 마련입니다.

제가 평소에 중요시하는 한자는 들을 '청聽' 자입니다.

그 속에는 다섯 가지 의미를 두고 있는데 가장 먼저 열 '십十' 자와 눈 '목目' 자가 있습니다. 그 이유는 우리는 귀로만 듣는 것이 아니라 눈으로도 듣기 때문입니다. 완벽한 눈, 즉 열 개의 눈으로 듣는다는 의미가 되겠습니다.

둘째로 한 '일一' 자가 있습니다. 하나의 마음, 혹은 한결같은 마음으로 집중해서 듣는다는 의미입니다.

셋째로 마음 '심心' 자가 있습니다. 사람은 귀로도 듣고 눈으로도 듣지만, 마음으로도 듣기 때문입니다. 다시 말해, 마음을 다해 들어야 한다는 뜻이 되겠습니다.

넷째는 귀 '이耳' 자가 있습니다. 그것은 신체적으로 귀를 통해 남의 말을 듣기 때문이겠죠? 귀는 하나가 아니라 두 개나 있는 이유가 되겠습니다.

수평적 조직 문화를 이끌어가는 데 있어 절대적인 또 하나의 요소가
있다면 혼자서 다 하지 않으려는 노력이라고 하겠습니다.
여기에서 '노력'이라는 단어를 사용하는 것도 이유도 리더가 언제나
최선을 다하지 않으면 수평적인 리더십은 불가능하기 때문입니다.

마지막으로 임금 '왕王'자가 있는데 그것은 상대방의 말을 들을 때 마치 임금의 말을 듣듯이 들으라는 뜻으로 해석할 수 있습니다.

이렇게 듣는다면 더불어 일하는 '팀' 사역이 가능하지 않을까요?

주도권의 공유

수평적 조직 문화를 이끌어가는 데 있어 절대적인 또 하나의 요소가 있다면 혼자서 다 하지 않으려는 노력이라고 하겠습니다. 여기에서 '노력'이라는 단어를 사용하는 것도 이유도 리더가 언제나 최선을 다하지 않으면 수평적인 리더십은 불가능하기 때문입니다.

많은 경우에 리더들이 혼자 일 처리를 하고 혼자 결정을 합니다. 물론 그것을 위해 위임을 받고 조직을 대표하는 경우가 많습니다. 하지만 교회는 회사와는 다릅니다. 다양한 구성원이 있고 다양한 목소리가 있습니다. 어떤 의미에서는 모두가 주인이라고 할까요? 교회는 궁극적인 주인이 하나님이지만, 교회를 대표하는 것은 담임목사만이 아닙니다.

그만큼 어려운 일이기도 한 이유는 다양한 교회 구성원의 생각을 '노력'해서 듣고 반영할 수 있어야 합니다. 그런 의미에서 담임목사은 최고 경영자 혹은 최고 결정권자라기보다는 교회를 대표하는 심부름꾼이라는 표현이 정확할 것 같습니다. 스스로 나를 심부름꾼으로 여길 수 있다면 교회에 대한 집착도, 무리한 결정도 하지 않게 될 확률이 높아질 것 같습니다.

영어로 사용되는 경영 용어들 중에 '매크로 매니지먼트macro management'라는 단어와 '마이크로 매니지먼트micro management'라는 단어가 있습니다. 매크로는 단위가 큰 것을 의미한다면 반대로 마이크로는 작은 단위입니다. 매니지먼트에서 말하는 '매크로'가 경영에 중요한 커다란 사안들을 의미한다면, '마이크로'는 상대적으로 작은 사안들로 의미할 수 있겠습니다.

예를 들면 회사에 필요한 화장실의 화장지에 대한 견적을 올리거나 어떤 화장지를 구입하고 어디에서 주문할 것인지에 대한 결정을 CEO가 하지 않는다는 것입니다. 그것은 간섭이자 지나친 집착이기 때문입니다. 하지만 경우에 따라 매크로 단위의 것들만을 결정해야 할 CEO 중에 작은 단위의 마이크로에 해당되는 것까지 일일이 간섭하는 리더십 유형도 있습니다.

문제는 이런 경우에 실수를 통해 스스로 성장할 수 있는 기회를 다른 사람들로부터 빼앗을 수 있는 일입니다. 교회도 다르지 않습니다. '내가' 중심이 되어, '내가' 모든 결정권을 가질 수는 있지만 과연 그것이 교회에 유익이 되는지가 중요합니다.

담임으로서 모든 것에 대한 주도권을 갖고 일사천리로 일을 추진하는 추진력도 때론 필요하겠지만 그것보다는 주도권을 나누어서 더 많은 리더들을 키우는 과정이야말로 외면해서는 안 될 일이겠습니다.

다시 말해 교회의 리더는 대체불가한 사람이 되어야 할 필요가 있는가 하면 동시에 대체가능한 사람을 키워야 하는 위치에 있는 사람입니다. 리더는 또 다른 대체불가한 재능과 리더십을 키워야 하는가 하면 리더의 또 다른 책임은 그 사람들 역시 대체가능한 사람을 키우는 사람으로 이끄는 것입니다.

많은 조직에서 요사이 요구되는 자질이 있다면 바로 대체불가한 능력의 사람입니다. 그런데 대체불가한 사람이 그 조직이 계속 남아 있을 수 있다고 장담할 수는 없는 일입니다. 그렇기 때문에 대체불가한 능력을 소유한 사람의 책임 중에 하나는 재능과 능력이 대체불가한 또 다른 사람을 만들어 내는 역할이라고 하겠습니다.

이것은 어찌 보면 교회에도 마찬가지입니다. 쉽게 말하면 '제자도'라고 할 수 있겠습니다. 예수님의 지상명령은 내가 그분의 제자가 되는 것에서 끝나는 것이 아니라 오히려 말씀을 자세히 살피면 제자를 세우는 일이기 때문입니다.

다음 리더십을 위한 준비

교회 리더십에 관한 중요한 이슈 중 하나는 리더십 이양에 관한 것입니다. 교회의 최종적 리더십은 하나님이시기에 그 안에서 각 리더들은 작은 한 부분씩을 위임 받은 것뿐이라고 할 수 있겠습니다. 그렇게 생각하면 교회에서 리더십을 다음 주자에게 전달하는 일이 어렵지 않을 텐데, 한국교회에서는 담임목사 직분의 전달이 큰 어려움으로 여겨지기도 합니다. 분명한 사실은 하나님을 제외한 어떤 개인도 교회의 본질적인 리더일 수 없고, 개인에게 위임되었던 리더십은 적당한 기간 동안 공동체를 위해 사용되다가 다음 사람에게 잘 전달되어야 한다는 것입니다.

우리나라에서 대부분의 직업들이 정년을 60세로 하고, 정년이 늦은 직종도 65세로 하는 것에 비해, 교회는 대부분 담임목사의 정년을 70세로 정하고 있습니다. 그것도 원래 한국 나이로 하던 것을 2023년부터는 만 나이로 바꾸면서 1년이 더 늘었습니다. 심지어 목사의 정년을 75세로 더 연장해야 한다는 의견이 있는 것을 보면 교회와 사회의 정년에 대한 인식 차이가 매우 큰 것은 부정할 수 없는 사실인 것 같습니다.

물론 사회에서도 정년 연장에 대한 요구가 있습니다. 평균수명이 늘어나서 이제는 60대, 70대에도 충분히 젊은 사람 못지않게 일할 수 있기 때문입니다. 더욱이 목회자는 육체적인 건강함도 중요하지만 영적인 건강과 삶의 지혜가 더 중요하기 때문에 노년이 되어 오히려 더 사역이 왕성해지는 경우도 있습니다. 이런 부분을 생각해보면 목사의 정년을 연장해야 한다는 의견도 타당한 점이 분명 있습니다.

그럼에도 불구하고 함께공동체의 리더십에 관해서 말한다면, 건강한 방향은 오히려 정년을 더 낮추는 것이라고 생각합니다. '목사'로서의 역할과 '공동체의 대표자'로서의 역할이 다르기 때문입니다. 기대수명이 늘어나고 노년에도 건강하기에 목사로서의 사역은 충분히 계속 감당할 수 있을 것입니다. 그러나 공동체의 대표자는 공동체 구성원들에게 앞으로 나아갈 비전을 제시하고 미래를 함께 만들어가는 역할을 맡아야 하기에 구성원의 평균 연령보다 지나치게 높지 않은 것이 좋습니다.

기대수명이 늘어나고 건강한 노년층이 많아진다는 것도 정년을 연장해야 한다는 주장의 근거이기보다는 오히려 정년을 낮춰야 하는 이유가 될 수 있습니다. 예전처럼 75세, 80세 정도가 되면 다른 일을 하기 어렵고 인생을 정리해야 하는 상황에서는 70세까지 하나의 일을 하다가 은퇴하는 것이 좋았습니다. 그러나 이제 90세, 심지어 건강하신 분들은 100세까지도 사역을 하는 시대가 되었기에 70세에 은퇴를 하면 그 이후의 시간을 준비하기가 어렵습니다. 차라리 60세를 전후하여 은퇴하고, 인생의 2막, 3막을 준비하는 것이 100세 시대에 더 어울리는 방법일 수도 있습니다. 목사의 경우에도 70세에 담임 직분을 내려놓고 다른 사역을 찾기 어려운 것보다는 오히려 60세에 지역교회의 담임 직분을 은퇴하는 것이, 이후에 자신의 목회적 부르심을 따라 사역의 2막, 3막을 열어갈 준비를 하기에 유리할 수 있습니다.

지금 시행하고 있는 함께공동체의 정관은 표준정관을 참고하여 개정하면서 대표목사의 정년을 70세로 규정하고 있지만, 제

개인적인 의견으로는 함께공동체의 대표목사가 60세를 넘지 않는 것이 좋다고 생각합니다. 지금 제가 맡고 있는 대표목사의 역할도 그때까지라고 생각하고 사역하고 있으며, 앞으로는 정관을 개정하여 공식적으로 함께공동체 대표목사의 정년을 바꾸면 좋겠다고 생각합니다. 물론 교회마다, 또 목회자 개인마다 상황이 다르기에 함께공동체의 기준을 일반화시키기는 어렵습니다. 다만 목회 환경이 변화하는 이 시대에 이전의 방식을 고수하기보다는, 각 공동체와 목회자들의 상황에 맞는 리더십 전환의 시점을 고민해보면 좋을 것 같습니다.

단순히 정년을 60세로 규정하는 것만으로도 교회가 다음세대를 준비하는 데에 도움이 되지만, 더 중요한 일은 현재의 리더가 다음 리더들을 세우는 일을 자신의 중요한 역할로 인식하고 준비하는 것입니다. 40대의 담임목사가 가장 에너지를 많이 쏟아야 하는 부분이 본인의 설교와 목양 사역이라면, 5~60대의 담임목사는 후배들을 이끌어주고 세워주며 다음 리더로 세워가는 일에도 에너지를 많이 쏟아야 합니다. 나이 든 목사님이 설교 등 원래 하던 사역에 매진하는 모습도 충분히 아름답지만 어쩌면 공동체를 위해서 더 필요한 일은 자신의 역할을 조금씩 줄이더라도 다음 리더들을 준비시키는 것이 아닐까요? 함께하는교회를 개척한 지 30년이 가까워지는 시점에서, 진정으로 교회를 위한다면 리더로서 제가 해야 할 일이 무엇인지를 고민해봅니다.

함께공동체의 설교들

우리는 설교라는 단어가 익숙하지만, 사실 성경에서는 설교라는 단어를 찾아보기 쉽지 않습니다. 한국에서 가장 많이 사용하는 번역본인 《개역성경》에서는 심지어 설교라는 단어를 한 번도 사용하지 않습니다. 그 이유는 우리가 흔히 사용하는 설교라는 단어가 성경에서는 몇 가지 다른 단어들로 사용되기 때문입니다. 예수님의 사역에서 설교를 찾아본다면 '선포하는 것'과 '가르치는 것' 두 가지로 표현됩니다. 설교에는 하나님의 입장에서 사람들을 향해 선포한다는 의미와 함께, 사람들이 듣고 이해할 수 있도록 가르치는 의미가 포함된다고 할 수 있습니다.

그러므로 설교는 종교의식이기보다는 가르치는 일에 더 가깝습니다. 즉, 설교를 듣는 동안 그 시간에 집중하거나 감동을 받거나 눈물을 흘리는 것보다, 설교를 들은 후에 그 설교의 내용을 이해하고 그대로 살아가는 것이 더 중요합니다.

물론 전자와 후자가 다 중요하고 그 모든 일은 성령님이 하시는 일이지만, 예수님의 설교조차도 듣고 행하지 않으면 모래 위에 집을 지은 것과 같다고 말씀하실 정도로 열심히 듣는 것보다 듣고 행하는 것이 더 중요하다는 사실은 자명합니다.

함께공동체는 설교에 대한 전통적인 방식이나 틀에 얽매이지 않고, 일상을 변화시키기 위해 메시지가 효과적으로 전달되는 데에 초점을 맞추어 왔습니다. 영화, 영상, 미술, 음악, 연극, 책, 스탠드업 코미디 등 다양한 컨텐츠들을 문화적 소통의 도구로 활용했습니다. 본 장에서는 함께공동체의 대표적인 설교유형들을 소개합니다.

설교의 예시(설교문 발췌)

영화 설교

영화가 말을 걸다 3 〈나, 다니엘 블레이크〉 중(中)

설교자 _ 김요한

… 주인공 다니엘은 자신의 어려움 속에서도, 고통 속에서도 케이티와 케이티의 두 아이들을 계속해서 챙기는 그런 모

습을 보여줍니다. 늪에 빠진 것 같다는 케이티의 말과 상황을 외면하지 않는 거죠. 하나님이 그러시잖아요. 우리의 고통을, 우리의 고독을, 우리의 문제나 아픔을 외면하지 않으시거든요.

다니엘에게도 질병 수당 소송에서 이제 승소할 기회가 드디어 드디어 찾아옵니다. 열심히 준비했거든요. 사회복지사의 도움도 컸고 또 케이티도 옆에서 열심히 도왔습니다. 준비도 거의 완벽하게 서류며 뭐며 다 했기 때문에 충분히 이길 수 있는 상황인데 갑자기 가슴이 갑갑해집니다. 다니엘이 세수를 하기 위해서 잠깐 화장실에 갔는데 화장실에서 쓰러지고 맙니다. 그렇게 세상을 떠나게 됩니다.

케이티에게는 그 상황이 너무너무 힘든 거예요. 자기가 고통 가운데 있을 때 자기를 그토록 알아주고 챙겨준 그 아저씨, 다니엘이 없는 상황 속에서 살아가는 것은 상상이 안 되는 거예요. 케이티의 아이들도 마찬가지죠. 결국 마지막 우리가 보실 부분은 다니엘의 장례식인데요. 약간 영화가 어쩌면 슬프고 우울할 수 있지만 다니엘의 삶은 슬픈 삶이 아니었습니다. 오히려 위로의 통로가 되었고요. 희망이 없는 사람들, 절망 가운데 있는 사람들에게 희망을 주는 그런 모습을 보여주거든요.

(영화 클립)

다니엘의 삶을 가장 가까이서 지켜본 케이티는 다니엘에 대해 이렇게 말합니다.
"그는 부자였습니다."
왜요? 돈이 많았기 때문에요? 아니요. 돈으로 살 수 없는 것들을 늘 줬기 때문에 그게 다니엘의 삶이고, 그게 그의 일상이었다. 이 이야기를 케이트가 하고 있습니다. 〈요한복음〉 13장에 이런 말씀이 있습니다. "내가 선생과 주로서 너희 발을 씻겼으니 너희도 서로 발을 씻겨주어야 한다." 이제 너희 차례다 뭐 이런 얘기죠. 내가 너희에게 행한 그대로 너희도 행하게 하기 위해 내가 본을 보여준 것이다.
어떻게 보면 이 영화의 내용도 그런데요. 중요한 건 지금인 것 같습니다. 지금지금 반응하는 것 이거죠. 왜냐하면 그 기회를 놓칠 수 있으니까. 그 기회는 다시 오지 않을 수 있으니까 다니엘도 그런 삶을 살아온 겁니다. 자기도 넉넉하지 않지만 부족함 가운데 내가 할 수 있는 그것. 그걸 위해서 자신을 움직인 겁니다.

오늘은 제가 한 가지 좀 어려운 부탁을 드릴 겁니다. 제가 지난주에 어느 노숙인 센터장님을 만나게 됐어요. 19년째 그 일을 해오신 분인데, 요즘 정말 추웠잖아요. 이분의 부탁인데, 남자들 점퍼가 필요하답니다. 그래서 제가 그 얘기를 들으면서 이건 내가 교회에 가서 꼭 전달해야 되겠다고 다짐했습니다. 저는 전달만 하는 거니까 의무 사항이 아닌 거예요. 아시겠죠?

이분 이야기 들어보니, 여자분들은 점퍼나 코트가 여러 개 있고, 종종 바꾸기도 하는데 남자들은 대부분의 경우에 옷을 잘 안 바꾼다는 겁니다. 저도 그렇거든요. 코트 하나를 10년 입고 20년 입고 그러잖아요. 그래서 남자분들 코트는 구하기가 좀 더 어려운 가봐요.

가끔 좀 바꿔주세요. 아시겠죠? 그래야 이분들이 또 도움을 받을 수도 있습니다. 새 옷 필요 없답니다. 헌 옷 좋답니다. 오늘 집에 갔다가 오셔도 되고요. 다음 주에 갖고 오셔도 되고요. 그냥 지금 입고 계신 거 벗고 가셔도 됩니다. 이번 주에 아시겠죠?

스탠드업 코미디 스타일 설교

예수 따라 죽기 3 〈**그의 죽음**〉 중(中)

설교자 _ 김선의

제가 딸이 둘 있어요. 큰아이가 초등학교 2학년이고요. 둘째가 7살입니다. 둘째 아이가 '제나'인데 얘가 사탕을 굉장히 좋아해요. 사탕을 굉장히 좋아하는데 어느 정도로 좋아하냐면요. 여러분 기억하시는지 모르겠는데 작년 한 7월쯤에 제가 여러분들에게 사탕을 다 나눠드린 적 있어요. 기억나세요? 기억나시죠?

그리고 제가 사실 그때 사탕을 굉장히 많이 샀거든요. 그래서 한 몇백 개가 남았어요. 그래서 그걸 제 방에 이제 사무실에 갖다 놨는데, 저희 딸이 올 때마다 그 사탕을 이제 가져가는 거예요. 아버지 것은 곧 나의 것이다. 나의 것은 곧 나의 것이다.

그래 가지고 막 가져가는데 얘가 어떻게 사탕을 가져가냐 하면, 그냥 자기만 먹는 게 아니라 뭉텅이로 가져가서 다른 친구들에게 나눠줍니다. 자기가 쏘는 거라고. 그래서 막 사탕을 나눠주고 사탕을 막 이렇게 흥청망청 막 코가 삐뚤어지도록 먹는 거예요. 그래 가지고 걱정을 많이 했어요. 얘가 너무 사탕에 이렇게 취해서 사는 건 아닌가. 사탕 없으면 금단 증상이 일어나고.

근데 재미있는 건요. 몇백 개 있었을 때는 막 그걸 거기서 막 뿌리고 막 이렇게 먹었는데 이제 이제 수가 줄기 시작했잖아요. 눈에 보일 만큼 수가 확 줄기 시작했을 때부터, 나눠주지 않고 방에 와서 혼자 먹기 시작하는 거예요. 이제 없다는 거죠. 그리고 이제 다 먹어버렸어요. 제 둘째 아이가 그 정도로 사탕을 좋아해요.

근데 어느 날 무슨 일이 있었냐면요. 교회에 아이들이 있었는데 큰아이가 놀다가 어떤 애가 고무공을 발로 뻥 쳐가지고 얼굴에 정면을 팍 맞은 거예요. 그래서 애가 울기 시작한 거예요. 막 우는 거예요. 아프니까 막 울기 시작하는데. 저희 둘째가요. 언니가 그렇게 우는 걸 보더니 성큼성큼 다가가서요. 뭘 내어주는지 아세요? 사탕을 내어주는 거예요. "언니 먹어" 하고….

그걸 보고 주위에 있는 분 중에 한 분이, 너무 이 장면이 아름다우니까 이렇게 물어본 거예요. "제나야 제나야 언니 사탕 왜 줬어?" 이렇게 물어본 거예요. 그랬더니 제나가 이렇게 답을 하더라고요. "이거 땅에 떨어진 거야."
한 가지 확실한 건 뭔지 아세요? 제나에게 언니는 사탕보다 소중하지 않아요. 나의 언니는 나의 사탕보다 소중하지 않아요.

저와 여러분의 삶 속에서, 우리 삶의 가치를 더하기 위해 많은 것들을 찾을 겁니다. 여러분에게도 그런 것들이 있을 거예요. 나의 어떤 것, 나의 명예, 나의 가족, 나의 직장, 나의 뭐… 그리고 우리는 믿어요. 그런 것들이 우리 삶의 가치를 더할 것이라고. 하지만 성경은 뭐라고 하시는지 아세요? 우리 삶의 진짜 가치를 더하는 것은 나의 명예, 나의 가족, 나의 직장이 아니라 나의 하나님이라고 말씀하세요.
여러분 성경은 저와 여러분에게 잘 사는 방법을 가르쳐주지 않아요. 아무리 찾아보세요. 여기 잘 사는 방법이 나오나. 대신 뭘 가르쳐주는지 아세요? 잘 죽는 법을 가르쳐줍니다. 예수 그리스도께서는 십자가에서 악착같이 죽어가시면서까지 저와 여러분에게 우리가 하나님의 자녀라는 것을 실감시키려고 하세요. 그리고 그 길을 따라오라고 하시거든요. 매일매일 죽어가는 삶, 매일매일 하나님이 나의 하나님이라는 것을 실감하는 삶. 여러분의 삶 속에서 악착같이 죽어가세요. 용서 못할 사람 용서하고요. 막 사랑하지 못할 사람 사랑하고, 자신의 유익보다 다른 사람의 유익을 구하는 막 그런 신나는 삶 있잖아요. 여러분들의 표정이 점점 죽어가고 있어요. 이게 언제 가능한지 아세요? 하나님이 나의 하나님이라는 것을 실감할 때, 하나님이 내가 그분의 자녀라는 것을 위해서 죽기까지 마다하지 않으실 것을 실감할 때, 이런 삶을 가치 있게 살아갈 수 있다는 거예요.

음악과 함께하는 설교

어떤 시편 1 〈홀로 시편〉 중(中)

설교자 _ **이길승**

중동 지역 그리고 북아프리카 지역의 선교사님들이 모이는 그런 집회에 찬양 인도와 콘서트를 해달라고 하셔서 갔어요. 이슬람권의 좀 위험한 지역에서 수고하시는 선교사님들이어서 보안이 꽤 중요한 대회여 가지고 저도 교회에 자세히 말씀 못 드리고 가게 됐어요.

도착하자마자 주일 예배에 참석을 하게 됐어요. 20명 남짓 먼저 오신 분들만 먼저 예배를 드렸는데 아무것도 갖춰진 게 없으니까 그냥 요르단의 어떤 선교사님이 낡은 기타를 딱 꺼내시더니 찬양 인도를 하면서 시작이 됐어요. 저는 굉장히 어색하더라고요. 20명이 모여 기타를 치면서 노래를 하시는데 저는 눈을 감고 참여하는 척하면서 이런 생각을 했습니다.
'저분 음정이 좀 너무 안 좋은데?'
'기타를 저렇게 치면 안 되는데.'
'기타 부서지겠네.'

뭐 그런 어떤 생각을 막 하면서 이렇게 참여를 하다가 눈을 딱 떴는데요. 거기 계시는 20명이 단체로 눈물을 펑펑 흘리고 계신 거예요. 설교하시는 분도 설교하다가 한 문장을 제대로 못해요. 한 문장 하다가 울고 또 같이 울고 그러니까 저는 사실 그런 공감이 잘 안 돼 가지고… 가자마자 막 우는데 같이 못 울겠더라고요. 어떻게 있어야 되지, 약간 좀 난감했어요.
제가 며칠 있으면서 그때 상황에 대해서 좀 듣게 됐는데, 그분들이 다 격리된 사역지에서 홀로 계시던 분들이거든요. 각자 정말 어려운 사역지에 그 젊은 부부들이 있다가 온 거예요. 그러니까 몇 년 만에 동료들을 만나기도 한 것이고, 너무 격리되었던 사역지에서 고생하시다가 그렇게 그냥, 서로 20명 가까이가 만난 것만으로도 너무 감동이었던 상황이었고, 그리고 열려 있는 장소에서 찬양을 부를 수 있다는 것 자체가 너무 감동인 그런 상황이었던 거예요. 그분들이 사역하시는 이슬람 문화권에서 이런 행동 자체가 불가능하기 때문에 너무 감격해서. 아주 감격하셔 가지고 그렇게 눈물이 끊이지 않았던 겁니다.

외로운 선교지에서 격리되어 있는 상황 속에서 홀로 시편을 부르던 그 사람들이 함께 모여서 서로의 얼굴을 보면서 찬양하면서. 속으로 부르던 그 찬 찬송들을 모여서 함께 부르면서. 교회의 구성원으로서 자신들의 공동체적인 실체를 확인하는 기쁨의 시간이 아니었을까 그렇게 저는 이해를 하게 됐어요. 그래서 거기에 참여하지 못하고 있었던 제 모습이 많이 부끄럽기도 하고 그랬었습니다.

마지막 날에 저녁 집회 찬양 인도를 하면서 우리가 아까 함께 읽었던 베스터만의 문장을 얘기를 했습니다. "여러분들이 선교지에 돌아가셔서 외롭고 힘들 때 오늘 우리가 함께 부

른 이 노래를 기억합시다." 이렇게 말씀을 드렸어요. "우리
가 혼자가 아님을 기억합시다. 우리가 받은 사랑을 기억합시
다. 우리를 바라보시는, 우리를 사랑하시는 하나님을 기억합
시다." 그렇게 감히 그분들에게 이야기하게 됐습니다. 노래
라고 하는 것, 찬송이라고 하는 것, 시편이라고 하는 것이 다
그런 의미를 가지고 있으니까요.

아직 발표하지 않은 새 노래 한 곡을 그래서 불러보려고 하
는데요. 제목이 홀로 시편입니다. 오늘 제목이 홀로 시편이
었는데, 이 노래 때문에 붙여진 이름이기도 해요. 이 노랫말
이 오늘 말씀의 요약일 수도 있으니까 같이 부르실 수 있다
면 같이 불러주셔도 좋을 것 같습니다.

홀로 시편 (이길승 사, 곡)

그대 홀로 두려움과 싸우고 있거든
원치 않는 시공간에 던져져 있거든
노래해요 노래해요 우리와 함께 부르던
노래해요 노래해요 우리와 함께 계시는 하나님

그대 홀로 두려움과 싸우고 있거든
원치 않는 시공간에 던져져 있거든
기억해요 기억해요 우리가 받은 사랑을
기억해요 기억해요 우리를 사랑하시는 하나님

책을 읽는 설교

가을, 그 책 4 《천 개의 파랑》 중(中)

설교자 _ **이정도**

사실 안식이라는 것은 그냥 쉬어도 괜찮다는 의미 이상의 것을 가지고 있어요. 쉬라는 명령이 구약 성경 전체에서 가장 중요한 명령인 이유는, 내가 하나님 안에서 마음 놓고 쉴 수 있느냐 없느냐 이것 하나가, 내가 세상을 보는 관점이 어떻느냐를 단적으로 보여주는 리트머스 시험지일 수 있기 때문이에요. 내가 끊임없이 노력해서 발버둥 쳐야만 살아갈 수 있는 곳으로 세상을 인식하고 있는지, 하나님과 동행할 때 아름다운 삶을 살 수 있는 곳으로 세상을 인식하고 있는지요. 바꿔 말하면 내 삶의 주인이 나인지, 하나님인지. 이 가장 중요한 인식의 차이, 이 대전환이 안식일 규정 하나에 담겨 있다라고 볼 수 있는 거죠.

제가 이번 한 달 동안 소설 이야기하면서 이름 이야기 몇 개 했는데요. 《외계인 게임》에서 훈자라는 지역이 '혼자 왔던 곳', 또 지난주에 《불편한 편의점》에서 청파동이 '푸른 초장'이라고요. 물론 이런 이름 해석은 제 마음대로 하는 거라 틀릴 수도 있습니다만. 《천 개의 파랑》에서 자기 다리가 망가지는 것도 모르고 너무 빨리 달리다가 위기에 처한 경주마 이름이 '투데이'입니다. '오늘'이죠.

우리의 오늘이 너무 빨리 달려가다가 어쩌면 죽을지도 모르는 위기에 처해 있어요. 그때 이 투데이를 살리기 위해 출동한 자매의 이름이 은혜와 연재 자매인데요. 애네들 성이 '우'씨거든요. 우연재와 우은혜예요. 이렇게 해석할 수도 있을 것 같아요. 우연과 은혜. 우연처럼 다가온 하나님의 은혜, 그 은혜가 우리의 오늘을 살려주실 수 있는 거죠.

마지막 한 장면 더 읽어드리고 마치도록 하겠습니다. 콜리와 함께 느리게 달리는 연습을 하고, 이제 트랙에 섰어요. 그런데 투데이가 트랙을 달리다 보니까 관객석에서 막 야유가 들리는 거예요. 더 빨리 달리라고 막 뭘 집어 던지는 사람도 있고요. 왜냐하면 투데이는 원래 1등 하던 말이거든요. 투데이가 천천히 달려서 1등을 못할 것 같으니까 막 야유가 나오고, 그걸 들은 투데이가 움찔움찔하면서 더 빨리 달리려고 해요. 그때 콜리가 투데이의 귀에 대고 계속 속삭여줍니다. 그 부분 읽어드릴게요.

"괜찮아요. 신경 쓰지 말아요. 저들이 하는 말을 듣지 않아도 돼요. 당신은 당신의 주로가 있으니 그것만 보고 달려요. 자신의 속도에 맞춰서요."
어차피 이 주로는 투데이만 달릴 수 있다. 관중석에서 보내는 야유는 중요하지 않다. 투데이가 신경 쓰지 않도록 귓가에 말하고 또 말했다.
"신경 쓰지 마요. 저 소리는 아무것도 아니에요. 굳이 들을 필요 없어요. 모든 것을 듣고 살 필요 없어요."

-《천 개의 파랑》중(中)

우리는 세상에 살면서 세상의 소리를 들을 수밖에 없습니다. 듣기 싫어도 들리잖아요. 그러면 또 투데이처럼 움찔움찔. 자기가 어디로 달려가는지 생각해 보지도 않고. 뭘 위해 달려가는지 생각해보지도 않고 막 뛰려고 할 수 있거든요. 안식일의 훈련을 통해 천천히 달리는 연습을 해야 합니다. 그리고 삶이라는 트랙 위에서 달릴 때에도, 계속해서 우리 귓가에 속삭여주시는 우리 주님의 목소리에 귀 기울여야 합니다.

위에 언급된 방식들 외에도 침묵으로 설교를 대신하거나, 대중에게 익숙한 토크쇼 방식으로 진행하는 대화식 설교 등 다양한 접근 방식을 활용했고, 계속 새로운 방식을 도전하고 있습니다. 함께공동체가 추구하는 설교는 위의 몇 가지 방식으로 정형화하는 것이 아닙니다. 하나님께서 아브라함에게 말씀하실 때 하늘의 별을 보여주신 것처럼, 예레미야가 설교 중에 토기를 깨뜨리며 청중들에게 강력한 메시지를 전달한 것처럼, 함께공동체는 메시지를 전달하는 데 가장 적합한 공감각적 도구들을 활용하기 원합니다.

끊임없이 하나님과 청중 사이에서 소통하며 메시지의 주제를 잘 드러낼 수 있는 방식, 그 시점에 청중들에게 가장 어필할 수 있는 방식을 활용하는 것이 설교자에게 주어진 책무라고 믿기 때문입니다.

함께공동체의 도전들

개척 초기의 도전과 파격들

함께하는교회는 처음부터 많은 도전과 실험을 계속해왔습니다. 아래 내용 중에 어떤 것들은 이제 다른 교회들도 많이 하는 것도 있지만, 당시에는 상당히 파격적인 도전이었습니다.

수요 / 금요 / 주일저녁예배가 없음

교회 안의 시간을 줄이고 세상에서 소금과 빛으로 살아가도록 하기 위해 교회의 예배 횟수를 줄였습니다. 지금은 주일 저녁 예배가 없는 교회도 많지만 당시에는 큰 도전이었습니다.

개척 첫해부터 봉사활동 시작

어느 정도 규모가 큰 교회들은 봉사활동을 하는 것이 자연스러운 일입니다. 하지만 함께하는교회는 규모가 작던 개척 초기부터 봉사활동을 시작했습니다. 1998년 개척한 첫해에 시작한 아동 보육시설(성화원→후생학원) 봉사는 지금까지 이어오고 있습니다.

평신도 리더십에게 중요한 역할 부여

보통 교회들은 개척을 한 담임목회자가 교회의 가치관을 정하고, 교인들은 그 가치관 안에서 각자 부여된 역할을 담당하는 식으로 봉사하지만, 함께하는교회는 개척 초기부터 교회의 중요한 가치관과 결정들을 담임목사가 아닌 평신도 리더십들이 참여하여 만들기도 했습니다. 대표적으로 지금도 교회의 중요한 사역 방향인 4G(모이기, 자라가기, 나누기, 나아가기)의 개념은 담임목사가 아닌 평신도 리더십의 제안으로 시작되었습니다.

헌금 시간과 식사 시간이 없음

지금은 이렇게 하는 교회도 많지만, 당시에는 파격적이었던 일 중 하나는 헌금 시간과 식사 시간이 없다는 것입니다. 헌금을 하고자 하는 분들은 입구에 마련된 헌금함에 자발적으로 하고, 예배 시간에는 따로 헌금을 위한 순서가 없습니다.

예배의 도전

앞서 '나아가는예배' 장에서 설명했지만, 함께하는교회가 가장 많은 도전을 한 부분은 예배였습니다. 기존의 예배는 기독교 문화 안에서 자리 잡은 상징과 표현들이 많은데, 기독교 문화가 익숙하지 않은 사람들에게는 새로운 접근이 필요했기 때문입니다.

주일 오전 예배를 열린예배로
드라마 설교, 영화 설교 등 열린예배는 다른 교회도 많이 하지만 보통 특별한 초청예배나 혹은 주일 오후예배를 '열린예배'로 하는 경우가 많습니다. 함께공동체가 주일 오전 예배를 '열린예배'로 한 것은 가장 많은 사람이 올 수 있는 시간을 바깥의 사람에게 열어놓기 위함입니다.

여러 설교자가 함께하는 강단

설교, 특히 주일 오전예배의 설교를 담임 목회자가 맡는 것은 좋은 점도 있지만, 담임목사의 설교 독점으로 드러나는 더 많은 문제점들이 있습니다. 함께공동체는 여러 명의 설교자가 돌아가며 설교함으로써 성도들이 다양한 관점에서 성경과 삶을 돌아보게 합니다.

더욱이 함께공동체의 설교자는 목사에만 국한되지 않습니다. 전도사님들도 함께 설교하고, 평신도 리더십들의 설교와 여성 설교자를 세우고자 노력한 부분도 교회 안에 다양한 관점에서 하나님의 말씀을 나누고자 했던 흔적들입니다.

모이지 않는 예배

교회 설립 후 어느 해에 눈이 엄청나게 오던 날이었습니다. 교회에서는 그날 아침 한 분, 한 분께 전화를 드려 눈이 많이 와서 위험하니 각자 가정에서 하나님께 예배를 드리시라고 말씀드렸습니다. 2020년 코로나가 발생했을 때, 결국은 모든 교회가 현장 예배를 중단하기는 했습니다만 함께하는교회는 가장 먼저 선제적으로 현장예배를 중단하기도 했습니다. 이는 본래 예배의 본질이 물리적 모임이 아닌 하나님 앞에서 영과 진리로 드리는 예배자의 자세에 있다고 믿기 때문입니다.

최근에는 보리떡교회에서 '텅빈 예배'를 드리기도 했습니다. 그 주에는 모든 성도들이 시골교회와 미자립교회로 흩어져서 예배 드리며 그 교회를 섬겼습니다. 흩어짐을 통해서 모임의 의미를 더욱 깊이 이해할 수 있다고 믿습니다.

주는 헌금

헌금 봉투에 5천 원씩 담아 예배에 오신 분들께 나눠드렸습니다. 한 사람 한 사람이 교회로서 헌금을 어디에 써야 할 지 고민하는 숙제를 내드렸습니다. 교회에서 나눠준 돈은 5천 원씩이었지만, 거기에 각자 더 보태어서 하나님이 원하시는 곳으로 흘려보냈습니다. 헌금이 어디에 쓰여야 하는지, 하나님의 마음이 어디에 있는지 각자 고민해보고 실천해보는 훈련이었습니다.

신발 벗어놓고 가기

사도행전을 설교하다가 지금 바로 실천해보자며 신고 있던 신발을 벗어서 대전역에 있는 노숙자들에게 전달하자고 제안했습니다. 설교를 하던 목사님부터 신발을 벗고 맨발로 가시고, 몇몇 사람들이 나와서 신발을 벗었습니다. 그냥 나중에 신발을 가져오라고 하면 될 것을 굳이 그 시간에 갑자기 진행해서 너무 곤란했지만, 참여하신 분들은 그 순간 내어주기 곤란한 것을 내어주신 예수님의 마음을 묵상했다고 합니다.

그 외 열린예배의 파격들

설교자의 복장은 평상복입니다. 예배가 지나치게 격식화되지 않고 일상에 파고들기 위해서입니다.

함께공동체의 설교자는 종종 의자에 앉아서 설교합니다. 청중과 같은 높이에서 편하게 대화하듯 전달하기 위함입니다.

설교자는 예식적인 '강대상'이 아닌 설교의 메시지를 위한 '무대'에 섭니다. 무대 위에는 필요하면 보면대가 있을 수도 있고, 없을 수도 있습니다.

수평적인 팀 사역의 도전

함께공동체에는 담임목사와 부목사, 부교역자라는 표현이 없습니다. 대신 대표목사를 비롯한 스태프들이 있습니다. '부'수적인 사역자가 아니라 모두 한 팀이기 때문입니다. 한국교회에서 일반적인 부교역자 평균 근속기간이 2.9년이라는 통계가 있습니다. 함께공동체 스태프들은 훨씬 오래 사역하고 있습니다. 이는 팀 사역의 가치 안에서 수평적인 공동체로 함께하기 때문입니다.

교육과 해외 연수

팀사역의 핵심 중 하나는 팀원들이 스스로 아이디어를 내고 실행하는 것입니다. 이를 위해서 중요한 것은 팀원들 개개인의 역량 강화입니다. 한 사람의 리더가 이끄는 대로 따라갈 때에는 개개인의 역량이 부족해도 전체적으로 수준을 맞출 수 있지만, 수평적 조직에서는 각자의 역량이 중요합니다. 그래서 함께공동체는 목회자뿐 아니라 평신도 사역자들을 위해서도 해외 연수 등 교육 기회를 제공했습니다.

안식년

안식년 제도 자체는 보통 교회마다 있지만, 많은 경우에 담임목사님은 설교 자리를 다른 사람에게 내어주기 불안하여 안식년을 쓰지 못하고, 부교역자들은 안식년을 쓸 수 없는 경우가 많습니다. 그러나 함께하는교회 대표목사님은 안식년을 통해 공동체를 다른 스태프에게 위임하기도 하고, 다른 스태프 중에도 안식년을 다녀오기도 했습니다.

광야사역

팀으로 사역하며 오랜 시간 함께하다 보면 빠지기 쉬운 함정이 타성에 젖거나 자기계발을 등한시하는 것입니다. 함께공동체는 스태프 개개인이 오랜 기간 근속을 하고 있습니다. 그러면서도 타성에 젖거나 자기계발을 등한시하지 않도록 하기 위해 일정기간 이상 사역한 경우에 광야사역이라는 이름의 외부 사역 기간을 갖습니다. 광야에서 주님과 독대한 것처럼, 교회 밖에서 스스로 계획하여 독립적으로 사역하되 교회는 그 기간 동안 일정 수준의 생활을 유지하도록 재정적으로 지원하는 제도입니다.

P.O.T : Pre - Ordination Training

새롭게 목사안수를 받는 전도사님들을 대상으로 선배 목사님들이 준비하는 목사 안수 준비 훈련과정입니다. 성도님들과 대화하고 상담하는 팁부터 장례 절차와 결혼식 주례 설교 등 다양한 상황에서 목사로서 배워야 할 실질적인 것들에 대해 신학교에서도 가르쳐주지 않는 생생한 조언을 들려줍니다.

교회 밖을 섬기는 교회

함께공동체의 사명은 늘 밖을 향하고 있습니다. 공동체의 개개인에게도 나아가는 신앙을 강조하면서, 교회로서의 함께공동체도 역시 교회 밖을 향해 봉사와 섬김을 실천하고자 도전해왔습니다.

NCP : Next Church Project

아직 규모가 작았던 상황에서도 함께하는교회는 교회 밖을 바라보면서 한국 교회가 나아갈 방향을 함께 고민하기 원했습니다. 다음 세대의 교회는 어떤 모습이어야 할지 다른 교회들, 사역자들과 생각을 나누기 원해서 만든 프로젝트가 바로 NCP였습니다. 함께 모여 강의도 듣고, 토론하는 시간도 있었습니다.

만나만나

보통 1년 중 교회에서 가장 큰 행사는 크리스마스입니다. 크리스마스에는 특히 교회 안을 향하는 사역이 많습니다. 그러나 함께하는교회는 과감하게 크리스마스에 모이지 않고 대신 각자 삶의 자리에서 흩어져서 하나님의 마음으로 이웃을 만나는 시간을 갖기로 했습니다. 어쩌면 크리스마스가 더 외로울 누군가를 찾아가 만나주고 맛있는 식사를 대접하는 숙제를 모든 성도님들께 내드렸습니다.

소규모 교회들의 방송 중계 시스템 도입 도움

코로나로 인해 현장 예배가 중단되었을 때, 많은 교회들이 온라인 예배 중계를 준비하지 못한 상태였습니다. 특히 규모가 작은 교회들은 실시간 예배 중계를 위해 비싼 장비를 구매해야 하는지 부담을 가지고 있었습니다. 코로나 전부터 온라인 중계를 해왔던 함께하는교회는 극동방송을 통해 방송 중계 시스템 도입에 어려움을 겪는 교회들에 연락하여 약 10여 개 교회에 무료로 온라인 중계 시스템을 세팅해드렸습니다.

발가락 프로젝트

함께공동체는 문화를 도구로 복음을 전하는 사역뿐 아니라 문화 자체를 목적으로 문화 예술을 돌보는 사역에도 관심을 가지고 있습니다. 발가락 프로젝트 등을 통해서 꼭 기독교적 음악이 아니라도 좋은 음악을 하는 인디 뮤지션들이 대중들과 만나는 통로를 마련해왔습니다.

우리동네 놀이터 공작단

함께하는교회의 지역사회참여팀은 보다 더 지역활동에 적극적으로 나서기 위해 별도의 법인인 '우리동네 놀이터 공작단'을 만들었습니다. 지역사회에서 활동하며 함께하는교회가 위치한 학하동의 주민참여 프로그램에 참여해서 벽화사업, 놀이터 꾸미기 등의 지원사업을 진행했습니다. 지금은 우리동네 놀이터 공작단에서 활동했던 팀원들이 학하동 주민자치위원회 위원과 간사로 봉사 중이기도 합니다.

교회 건축에서의 도전

2010년, 유성CC의 대표이신 강민구 장로님께서 1,200평에 달하는 부지를 조건 없이 기증해주셨습니다. 교회 건축이라는 새로운 도전을 앞두고 함께하는교회는 많은 논의를 거치며 우리만의 도전을 이어갔습니다.

1층 전체는 교회 밖을 위한 공간으로

함께하는교회의 1층에는 기본적인 작은 사무실과 화장실 외에 카페와 체육관 그리고 넓은 마당이 있습니다. 카페도 체육관도 모두 외부의 사람들을 향해 열린 공간입니다. 카페에는 평일이면 일반 고객들이 찾아오고, 체육관에는 교인들 외에도 한밭대학교 학생들이 베드민턴을 치러오기도 합니다.

메인홀

보통 교회에서 '본당'이라고 부르는 메인홀은 지하 2층에 있습니다. 그리고 그 메인홀에서도 가장 낮은 위치에 설교자의 위치가 있습니다. 이것은 예배뿐 아니라 문화 공연을 위해서 일반적인 공연장의 구조를 따온 것이기도 하고, 실제로 설교자가 청중보다 더 낮은 자리에서 청중을 섬겨야 한다는 마음을 표현한 것이기도 합니다.

십자가가 없는 건물

함께하는교회 건물에는 십자가가 없습니다. 사실 처음에는 교회 간판도 없었습니다. 교회가 교회처럼 보이면 그때부터 비기독교인들에게는 들어오기 힘든 공간이 되기 때문입니다. 비록 찾아오시는 분들이 교회를 찾지 못하는 어려움 때문에 교회 간판은 후에 설치하게 되었지만, 지금도 건물에 십자가가 없는 함께하는교회는 대신 각 사람이 십자가의 삶을 사는 것으로 교회의 십자가를 세워가기 원합니다.

함께하는교회 연표

1998   3월 29일 오후 3시 창립예배(대전극동방송 지하 공개홀)

작은자의 집 봉사활동 시작

성화원 봉사시작(2006년 후생학원으로 변경)

1999   8월 열린예배/청소년부/청년부 시작

2000   3월 대전YMCA빌딩(만년동)으로 이전

교회 홈페이지 오픈(10/24) www.togetherchurch.or.kr(2008년 toc.or.kr로 변경)

2001   2월 예배 중 헌금 순서 생략

2002   3월 24일 창립 4주년 및 이전 감사예배(혜지빌딩으로 이전)

《Together》 여름호 발간(2004년 '함께라면 좋을텐데'로 변경)

10월 함께하는 집 봉사 시작

2003   2월 WillowCreek Conference 참여(03년 한국, 04~09년 미국 시카고)

은성교회 봉사 시작

	4월 조은영 선교사(일본) 파송
2004	4월 함께하는교회 열린예배 컨퍼런스 주최
2005	1월 단기선교팀 [창문] 1~3기(05-07년) 중국, 4~5기(08-09년) 우크라이나
	1월 아시아 대지진 해일 참사 모금
	4월 청주여자교도소 지원금 모금
	12월 사랑나눔카페(성화원 대학입학예정자 후원)
2006	10월 의료봉사 시작
2007	12월 큐티집《QTzine 도시락》발행(2011년《와플터치》로 변경)
	4월 시각장애인 기독교서적 점자도서 제작과 보급을 위한 큰사랑 음악회
	4월 의료봉사팀 정식 출범식(2007-현재)
	호스피스 봉사 시작(2007-2009)
2008	3월 창립10주년
	6월 29일 용인 함께하는교회 시작예배
	7월 김요한 목사 안식년 출국
	5월 Vision나눔의 밤(공간문제 해결과 네트워크비전교회 설립에 관한 구체적 논의)
2009	8월 함께하는 야구단 발족

	12월 성탄 이웃사랑실천(연탄봉사) 시작
2010	1월 31일 WAFL 창립예배
	1월 필그림복지원 목욕봉사 시작(2010-2014)
	5월 23일 용인함께하는교회 이전예배
	8월 17일 유성CC와 부지기증 MOU 체결
2011	9월 대덕의료소년원 봉사시작(2011-2014)
	11월 홍대앞H교회 시작
2012	8월 홍대앞H교회 이전(홍대후문 오피스커피)
	11월 18일 덕명동 교회에서 첫 예배(건축 중)
2013	4월 완공/입당예배
	6월 2일 CIC 영어예배 시작
	7월 테크노 함께하는교회(가칭) - 9월 11일 보리떡교회 시작
	9월 카페h 시작
2014	4월 세월호 실종자 가족과 유가족을 위한 특별기도회
2015	1월 결혼예비학교 시작(2015-현재)
	3월 세월호참사 유가족 초청 간담회
	4월 네팔 지진 피해복구 모금
	7월 중증장애인 거주시설 '아담' 봉사 시작 (2015-2022)
	9월 배달의 진도(진도 서망교회 어르신 및 세월호 유가족 식사대접

과 명절 음식 전달)

10월 시리아 난민 돕기 모금

2016   1월 기독연구원 느헤미야 자매결연

3월 대전역 노숙인 배식봉사 시작 (2016-현재)

4월 일본 구마모토 지진피해 복구 모금

6월 라오스 2개 마을에 유치원 건축

8월 지역사회참여팀 '우리동네 놀이터 공작단' 시작

9월 4일 청소년 공동체 '링크쳐치' 시작

2017   1월 라오스 후원 음악회

7월 캐냐 염소 보내기 프로젝트

12월 몽골 어린이 Shoebag 보내기 프로젝트

2018   3월 River of Nations 국제교회 후원 모금

3월 함께하는교회 설립 20주년

20주년 역사책 《다른 교회를 꿈꾸다》 발간

4월 영아부 '새싹마을' 모임 시작

8월 정관 개정

2019   8월 일대삼 성경공부 TTK Tea Time talK 시작

12월 성탄 어린양저금통 프로젝트(중증장애인시설 함께하는집, 희귀난치병 어린이 지원)

2020	1월 초등부 분리(1-4학년 작은마을, 5-6학년 이음마을)
	2월 23일 COVID-19로 인해 현장예배 중단
	5월 서울 강남 하나둘교회 시작
	7월 온라인 큐티모임 'QT ZOOM하니' 시작
2022	8월 시니어성경공부 개강 (2022-현재)
	9월 교도소 후원 모금
	8월 한밭대 아프리카 유학생 사역팀 시작 (2022-현재)
	10월 1회 잔디밭 콘서트(2회부터 '함께페스타'로 명칭 변경)
2023	1월 튀르키예 / 시리아 지진 후원 모금
	3월 수요오전예배 시작(수요예배 오전시간으로 변경)

남기고 싶은 이야기

● 이정도

1. 책 발간의 배경

2018년 함께하는교회 창립 20주년을 보낸 후, 김요한 대표목사는《다른 교회를 꿈꾸다: 함께하는교회 20년사》의 편찬 위원장이었던 차상철 집사에게 또 다른 책의 발간을 제안했다고 합니다. 창립 25주년에 즈음하여 출간할 새로운 책은 함께하는교회와 함께공동체의 지난 사역을 성찰하고, 함께공동체의 핵심 가치관들을 새롭게 다짐하는 계기로 삼고, 더 나아가 교회를 개척하려는 젊은 사역자들에게 나름의 유용한 참고서가 되는 것을 목표로 삼았습니다.

차상철 집사는 그 후 약 6개월 동안 함께공동체 대부분의 사역자들을 면담하여 그들의 의견을 수렴하는 과정을 거쳤는데, 다수의 사역자들이 책 발간의 의의에 동의하였기에 이 책의 발간 작업에 착수하기로 했습니다. 당시 면담한 사역자들과 몇몇 교인들의 명단을 아래에 기록으로 남깁니다.

책 만들기 위원회의 마지막 모임. 왼쪽 위에서부터 시계방향으로
차상철, 김선의, 정헌택, 김요한, 이정도, 이규용, 이길승(2023. 12. 21.)

2021년 가을, 김요한 대표목사를 비롯하여 김선의, 이규용, 정헌택, 이정도, 그리고 위원장으로 차상철 집사가 모여 '책 만들기' 위원회를 시작했습니다. 이후 김명희, 이길승, 천재성 세 사람의 사역자가 동참했습니다. 2021년 11월 24일 첫 번째 회의를 시작하여, 2023년 12월 21일 목요일 마지막 회의에서 책 만들기 위원회의 단체 사진을 찍으며 모든 작업을 마무리했습니다.

집필자 모두가 그러했겠지만 특별히 대표목사인 김요한 목사는 시간의 흐름에 따라 자기고백과 반성을 기반으로 해야 하는 글쓰기 작업에 대한 부담이 더 가중되었던 것 같습니다. 집필을 맡지 않은 함께공동체의 모든 사역자들도 책 만들기 작업에 여러 모양으로 공헌했다는 사실을 기억하고 기록에 남기고 싶습니다. 꼼꼼하게 교정을 봐주신 베테랑 국어선생님 임헌근 집사와 늘 포근한 황태연 목사에게도 감사의 글을 남깁니다.

근 2년에 걸친 회의 과정 중 첫 번째 작업은 독서와 토론이었습니다. 본격적인 책 만들기에 들어가기 위한 사전 작업의 일환으로 자유로운 관점과 거침없는 발상을 유도하기 위한 것이었습니다. 아래의 책들은 위원들뿐 아니라 건강하고 새로운 교회를 생각하는 모든 이들에게 도움이 되겠기에 본 위원회에서 나누었던 책들의 목록을 남겨둡니다.

2. 참고 도서

- 방선기, 신광은, 《미션 디모데》, 2019.
- 김태현, 《세상에 없던 교회》, 2016.
- 손원영 편, 《교회 밖 교회: 다섯 빛깔 가나안 교회》, 2019.
- 노치준, 《평신도 시대, 평신도 교회: 한국 교회 개혁과 평신도 아마추어리즘》, 2021.
- Lynne & Bill Hybels, 김성웅 옮김, 《윌로우크릭 커뮤니티교회》,

1997.
- 김동춘 책임편집,《탈교회: 탈교회 시대, 교회를 말하다》, 2020.
- 하홍규,〈탈사회 사회의 종교: 자기만의 신, 신으로서의 개인〉《현상과 인식》, 2021년 가을호.
- 양희송,《가나안 성도, 교회 밖 신앙》, 2014.
- Bill Hybels, 김성녀 옮김,《빌 하이벨스의 엑시엄》, 2008.
- 하정완,《꿈이 있는 교회》, 2021.
- 김세직,《모방과 창조》, 2021.
- Aubrey Malphurs, 안정임 옮김,《리더가 된다는 것은, 성경이 말하는 8가지 리더의 본질》, 2003.
- 양병무,《감자탕교회 이야기》, 2003.
- 옥성득,《한국 교회의 쇠퇴와 한 역사가의 일기》, 2021.

3. 집필 준비를 위한 면담에 응해주신 분들

함께공동체 사역자

김기중, 김남준, 김명희, 김선의, 김태훈, 박태곤, 이규용, 이도연, 이선학, 이정도, 정헌택, 천재성, 최형구

함께공동체 교인

권지성, 김영혜, 신승리, 염주희, 이소라, 차지원, 한아름

4. 집필팀을 위한 초청 특강

황인권 숙명여대 교수, 〈MZ교회의 7가지 비밀〉(2023. 3. 30.)

5. 집필을 위한 대표목사와 소그룹간의 대담

함께하는교회 가래떡 소그룹, 주제: 〈함께하는교회에 바란다〉(2023. 9. 16.)